JOHANNE AUTENRIETH UND RAYMUND KOTTJE

I0868055

Kirchenrechtliche Texte im Bodenseegebiet

Mittelalterliche Überlieferung in Konstanz, auf der Reichenau und in St. Gallen

VORTRÄGE UND FORSCHUNGEN

Sonderband 18 · Herausgegeben vom Konstanzer Arbeitskreis für mittelalterliche Geschichte

JAN THORBECKE VERLAG SIGMARINGEN

© 1975 by Jan Thorbecke Verlag KG Sigmaringen

Alle Rechte vorbehalten. Ohne schriftliche Genehmigung des Verlages ist es nicht gestattet, das Werk unter Verwendung mechanischer, elektronischer und anderer Systeme in irgendeiner Weise zu verarbeiten und zu verbreiten. Insbesondere vorbehalten sind die Rechte der Vervielfältigung – auch von Teilen des Werkes – auf photomechanischem oder ähnlichem Wege, der tontechnischen Wiedergabe, des Vortrags, der Funk- und Fernsehsendung, der Speicherung in Datenverarbeitungsanlagen, der Übersetzung und der literarischen oder anderweitigen Bearbeitung.

Gesamtherstellung: M. Liehners Hofbuchdruckerei KG Sigmaringen

Printed in Germany – ISBN 3-7995-6678-3

INHALT

JOHANNE AUTENRIETH

Die kanonistischen Handschriften der Dombibliothek Konstanz

Die folgenden Ausführungen wurden beim 2. internationalen Kongreß für mittelalterliches Kirchenrecht in Boston (12.–16. August 1963) unter dem Titel ›The Canon Law Books of the Curia episcopalis Constantiensis from the Ninth to the Fifteenth Century‹ [zit. Canon Law Books] vorgetragen und publiziert in: Proceedings of the Second International Congress of Medieval Canon Law, ed. by St. Kuttner and J. J. Ryan = Monumenta Iuris Canonici, Ser. C: Subsidia, vol. 1 (Città del Vaticano 1965) 3–15. Die vorliegende deutsche Fassung ist nur redaktionell überarbeitet und an einigen Stellen berichtigt; in den Anmerkungen wurde die wichtigste Literatur nachgetragen, dabei wurde die Zählung der englischen Fassung beibehalten, wo es notwendig erschien, sind a-Nummern eingefügt.

Der Beschäftigung mit den kanonistischen Handschriften der bischöflichen Kurie in Konstanz sollen einige wichtige Daten des Bistums den nötigen Rahmen geben: vermutlich am Anfang des 7. Jahrhunderts im Zusammenhang mit der Entwicklung des alemannischen Herzogtums gegründet, lagen seit dem 8. Jahrhundert die Grenzen des Bistums fest, das beinahe den ganzen alemannischen Stamm einschloß.

Konstanz war zunächst Suffragan von Besançon, später von Mainz. Es grenzte an die Bistümer Basel, Straßburg, Speyer, Augsburg, Chur, Sitten, Lausanne, erstreckte sich also auf den Raum zwischen Rhein und Iller, reichte im Norden bis in die Gegend von Stuttgart, im Süden bis zum Gotthard. Damit wird die Bedeutung als Durchgangs- und Knotenpunkt zwischen Westen und Osten einerseits und zwischen Norden und Süden andererseits erklärlich. Politische Bedeutung erlangte das Bistum erst in der Auseinandersetzung der karolingischen Hausmeier mit den alemannischen Herzögen. Bedeutende Männer des 9. und beginnenden 10. Jahrhunderts, die Bischöfe Salomo I. und Salomo III., beide aus berühmten Klosterschulen hervorgegangen, nahmen an Konzilien teil und waren von den Herrschern mit diplomatischen Verhandlungen und Hofämtern betraut[1]. Unter den Bischöfen des 10. Jahrhunderts ragten Konrad und Gebhard II. hervor, die beide später heiliggesprochen wurden. Zur Zeit des Investiturstreits standen sich der kaiserliche Bischof Otto I. und der päpstliche Bischof Gebhard III. von Zähringen feindlich gegenüber. An die Heftigkeit der religiösen und politischen Auseinandersetzungen in dieser Zeit gerade in Südwestdeutschland sei nur erinnert.

Im 13. Jahrhundert wurden die Bischöfe Reichsfürsten, die Stadt löste sich vom Bistum und wurde Freie Reichsstadt. Während des Kampfes zwischen Ludwig dem Bayern und Papst Johannes XXII. wurde Kon-

1 H. Tüchle vermutet in seiner Kirchengeschichte Schwabens Bd. 1 (Stuttgart 1950) 145, Salomo III. sei an der Abfassung der Hohenaltheimer Synodalcanones (916) beteiligt gewesen. – Zur Geschichte des Bistums vgl. ferner O. Feger, Geschichte des Bodenseeraumes Bd. 1 u. 2 (Lindau-Konstanz 1956 u. 1958) passim; LThK 6² (1961) 498–500; und zuletzt H. Maurer, Konstanz als ottonischer Bischofssitz = Veröffentlichungen des Max-Planck-Instituts für Geschichte 39 (Göttingen 1973) passim.

stanz mit dem Interdikt belegt und geriet in finanzielle Schwierigkeiten. Reformversuche im 15. Jahrhundert blieben ohne Erfolg, am Konzil von 1414 war der Konstanzer Bischof kaum beteiligt. Die Reformation drang schnell in Konstanz ein; 1526 verlegte der Bischof seinen Sitz aus der Stadt nach Meersburg. Nach 1821 traten in Deutschland nach der Abzweigung des schweizerischen Teils die neuen Bistümer Freiburg und Rottenburg die Nachfolge des alten Konstanzer Bistums an.

Von der Bibliothek wissen wir, daß sie seit dem 9. Jahrhundert bestand und gepflegt wurde. Im Jahr 1343 wurde dem Schatzverzeichnis des Domes der Bibliothekskatalog angefügt; die meisten Handschriften erhielten gleichzeitig genauere Inhaltsangaben und wurden im 14. und 15. Jahrhundert einheitlich gebunden. 1629/30 verkaufte das Kapitel den Hauptbestand seiner Handschriften an die Benediktinerabtei Weingarten, weil der Raum, in dem die Bibliothek aufgestellt war, für eine Trinkstube benötigt wurde. Die Konstanzer Handschriften teilten von 1630 an das Schicksal der Weingartner Bibliothek, von der große Teile zur Zeit der Säkularisation an die Bibliotheken in Stuttgart, Fulda und Darmstadt übergingen, Einzelstücke an andere Bibliotheken verstreut wurden [2].

Angesichts der historischen Daten ist es nicht verwunderlich, daß in karolingischer Zeit eine beträchtliche Zahl kanonistischer Texte – interessant nicht allein wegen ihres Vorhandenseins, sondern auch wegen ihrer besonderen Textform – zur Konstanzer Dombibliothek gehörten.

Collectio Quesnelliana

Eines der ältesten Exemplare der ›Quesnelliana‹, geschrieben um 800 in Nordostfrankreich, jetzt in Einsiedeln Hs 191 [3], lag, wie die eigenhändigen Bemerkungen Bernolds von Konstanz in dieser Handschrift beweisen, am Ende des 11. Jahrhunderts in der Dombibliothek und wurde im Konstanzer Bücherverzeichnis von 1343 aufgeführt. Die Frage, wann diese Handschrift nach Konstanz gekommen ist, ist schwer zu beantworten. Es ist jedenfalls zu bedenken, daß ein aus dem gleichen Skriptorium stammendes, in Schrift, Buchschmuck und Größe ebenso

2 Vgl. Mittelalterliche Bibliothekskataloge Deutschlands und der Schweiz Bd. 1: Die Bistümer Konstanz und Chur, bearb. v. P. Lehmann (München 1918, Nachdruck 1969) 190 f; K. Löffler, Die Handschriften des Klosters Weingarten = Zentralblatt für Bibliothekswesen, Beiheft 41 (Leipzig 1912) 12–14; J. Autenrieth, Die Domschule von Konstanz zur Zeit des Investiturstreits [zit. Domschule] = Forschungen zur Kirchen- und Geistesgeschichte, N. F. Bd. 3 (Stuttgart 1956) 10 ff.

3 Vgl. Autenrieth Domschule 41 ff; E. A. Lowe, Codices latini antiquiores Bd. 7 (Oxford 1956) Nr. 874.

ausgeführtes Exemplar in Arras liegt [4]. Man darf also vermuten, daß eines der beiden Exemplare von Anfang an für den Export bestimmt war oder auf Bestellung angefertigt worden ist. Und dieses Exportexemplar war sicher das nachmals Konstanzer, da die andere Handschrift noch heute im Gebiet ihres Entstehungsortes liegt. Nach B. Bischoff [5] gehörte die heute in Einsiedeln liegende Handschrift »offenbar« zur Hofbibliothek Karls des Großen. Bischof Egino von Konstanz (782–811), der sich sehr um die Vermehrung der Dombibliothek bemüht hat, steht also (entgegen meiner Vermutung in der englischen Fassung Canon Law Books 4) sicher nicht mit der Erwerbung dieses Codex in Verbindung. Eher könnte die Handschrift durch Bischof Salomo I. (838–871) nach Konstanz gelangt sein.

Außer diesem Exemplar der ›Quesnelliana‹ zählt Fr. Maassen [6] weitere sechs Handschriften, während H. Wurm [7] acht Codices benutzt und im Hinblick auf den Text von Einsiedeln 191 C. H. Turner zitiert: »Atrebatensi simillimum, neque tamen eius exemplar«; Ch. Lefebvre [8] verzeichnet 14 Handschriften, davon sind neun jünger als unser Exemplar.

Collectio Vetus Gallica

Die ›Collectio Vetus Gallica‹ (früher ›Collectio Andegavensis‹) [8a] ist enthalten in dem Stuttgarter Codex HB VI 109 [9] aus dem ersten Drittel des 9. Jahrhunderts. Die Handschrift wurde in Südwestdeutschland [9a], möglicherweise in Konstanz, geschrieben und lag sicher in der Dombibliothek. Die Collectio stimmt – abgesehen von einigen Besonderheiten, die

4 Vgl. Lowe (wie Anm. 3) 6 (1953) Nr. 713.
5 B. Bischoff in: Karl der Große. Lebenswerk und Nachleben Bd. 2: Das geistige Leben (Düsseldorf 1965) 55 und 239.
6 Geschichte der Quellen und Literatur des canonischen Rechts im Abendlande Bd. 1 [zit. Q L] (Graz 1870, Nachdruck 1956), 486 ff.
7 Studien und Texte zur Dekretalensammlung des Dionysius Exiguus = Kanonistische Studien und Texte 16 (Bonn 1939, Nachdruck Amsterdam 1964) 83 und 240.
8 Dictionnaire de droit canonique 7 (1965) 435 f.
8a In Canon Law Books noch nach der älteren Literatur als ›Collectio Andegavensis‹ bezeichnet, jetzt nach H. Mordek sachgerechter: ›Vetus Gallica‹. Vgl. H. Mordek, Die ›Collectio Vetus Gallica‹. Die älteste systematische Kanonessammlung des fränkischen Gallien: Proceedings of the Third Internat. Congress of Medieval Canon Law = Monumenta Iuris Canonici, Ser. C: Subs. vol. 4 (Città del Vaticano 1971) bes. 15–17.
9 Vgl. J. Autenrieth, Die Handschriften der Württembergischen Landesbibliothek II, 3 [zit. Handschriften] (Wiesbaden 1963) 106 f.
9a Nach H. Mordek, Der Codex Andegavensis Jacques Sirmonds: Traditio 25 (1969) 497 Anm. 64 = nordfranzösisch; vgl. ferner Ders., Une nouvelle source de Benoît le Lévite: Revue de droit canonique 20 (1970) 250.

J. Fr. v. Schulte in dem Wiener Sitzungsbericht von 1889 verzeichnet[10] – mit Maassens Aufstellung über den Aufbau der Sammlung überein[11]; die Kapitelzählung weicht ab. An die Sammlung schließen sich folgende Anhänge, teils gezählt, teils ungezählt, an: der Brief des Papstes Leo an Rusticus, die Synode des Patricius, Briefe Gregors des Großen an Augustin, an Etherius und Brunhilde, sowie andere Zusätze. Die Kapitelzählung und die Anhänge rücken den Text in die nächste Nähe einer Brüsseler Handschrift; G. Le Bras[12] konstatiert Verwandtschaft mit dem von ihm gefundenen Fragment der ›Vetus Gallica‹ in einer Handschrift aus Albi.

Eine zweite Überlieferung der ›Collectio Vetus Gallica‹ liegt in der Handschrift HB VI 112 vor, die im 10. Jahrhundert in der Bodenseegegend geschrieben ist[13]. Sie stammt sehr wahrscheinlich ebenfalls aus der Konstanzer Bibliothek, könnte aber auch aus Petershausen, St. Blasien oder Schaffhausen kommen. Diese Handschrift enthält c. 1–64 der Collectio in der Zählung wie bei Maassen. Das Ende von c. 64 und die Anhänge stehen in gestörter Reihenfolge, die man aber auf Grund der alten Numerierung in Ordnung bringen kann. Wie die Unordnung entstanden ist, ist mir nicht klar, zumal die Lagen nicht verbunden sind. Wahrscheinlich ist der Grund in der Vorlage zu suchen, die vielleicht aus losen Lagen oder Blättern bestand und durcheinander geraten war. Nach Wiederherstellung der ursprünglichen Reihenfolge der Texte folgt auf c. 64 der Brief des Papstes Leo an Rusticus mit der alten, aber durchstrichenen Nummer LXV, dann – ohne Nummer – Isidor an Massona, die Beschlüsse der römischen Synode von 595, nun wieder mit Zählung – nämlich LXVI – die Synode des Patricius, LXVII Gregor an Augustin und – ohne Zählung – die Beschlüsse der römischen Synode von 721. Nach Titel 64 und 65 sind jeweils Stücke aus dem ›Poenitentiale Hrabani ad Heribaldum‹ eingefügt. Die Stücke aus Isidors Brief an Massona und die Canones der beiden römischen Synoden sind in einer ›Collectio Vetus Gallica‹, die um 800 geschrieben ist und wahrscheinlich aus Chur stammt – der Stuttgarter Hs HB VI 113[14] –, parallel überliefert. Diese Churer Handschrift enthält außer Maassens c. 1–64 noch 38 weitere Titel, deren Rubriken Schulte in dem genannten Sitzungsbe-

10 Vier Weingartner jetzt Stuttgarter Handschriften: SB Wien 117,11 (Wien 1889) 22 ff.

11 QL 822 f.

12 Revue historique de droit français et étranger 4. Sér. 8 (1929) 770 Anm. 1.

13 Vgl. Autenrieth, Handschriften, 110–113; die Hs ist genannt von H. Mordek, Die Rechtssammlung von Bonneval: DA 24 (1968) 359 Anm. 91.

14 Vgl. Autenrieth, Handschriften, 113–116; E. A. Lowe, Codices latini antiquiores, Bd. 9 (Oxford 1959) Nr. 1360.

richt[15] abdruckt. Die in der zweiten Konstanzer Handschrift angehängten Stücke sind im Churer Exemplar c. 97. 86. 87. Eine Abhängigkeit dieses Konstanzer Textes vom Churer Exemplar läßt sich also nicht feststellen. Maassen[16] waren sechs Handschriften der ›Collectio Andegavensis‹ (= ›Vetus Gallica‹) bekannt; inzwischen hat H. Mordeks intensive Beschäftigung mit der Sammlung ergeben, daß 22 vollständige Handschriften oder Fragmente erhalten sind[17] und daß sie außergewöhnlich weit verbreitet gewesen sein muß. Daß diese systematische Sammlung im alemannisch-churrätischen Gebiet in mehreren Exemplaren vorhanden war, entspricht also durchaus ihrer auch sonst zu konstatierenden Beliebtheit.

Dionysio-Hadriana

Das Konstanzer Exemplar der ›Dionysio-Hadriana‹ liegt heute in der Universitätsbibliothek Freiburg. Der Codex – Hs 8[18] – ist im Bodenseegebiet, vielleicht in Konstanz selbst, in der zweiten Hälfte des 9. Jahrhunderts von drei westlich beeinflußten Händen geschrieben. Es ist nicht weiter verwunderlich, daß die Konstanzer Bibliothek diese in karolingischer Zeit vorherrschende und außerordentlich weit verbreitete Sammlung besaß, die Papst Hadrian I. im Jahre 774 an Karl den Großen gesandt hatte, die also von den höchsten Autoritäten empfohlen war. Interessant ist an dem Konstanzer Exemplar, daß es – wie E. Seckel und H. Fuhrmann[19] zeigen – eine Sonderrezension überliefert, die statt einer Vorrede Stücke aus Isidors Etymologien und aus den sog. ›Adnotationes‹, ferner Aufzählungen von Konzilien und Päpsten aus verschiedenen Quellen enthält und somit – nach Seckel und Fuhrmann – in der Einleitung einen Ansatz zu einer »Lehre von den Rechtsquellen« enthält. Diese Sonderrezension liegt außer im Konstanzer Exemplar in fünf Pariser und in einer Reimser Handschrift vor. Fünf weitere Handschriften enthalten ähnliche Zusammenstellungen von einleitenden Stücken. Bemerkenswert ist, daß im benachbarten Sankt Gallen eine

15 Vgl. Anm. 10.
16 QL 821.
17 H. Mordek, Die ›Collectio Vetus Gallica‹ (wie Anm. 8a) 28. Eine ausführliche Darlegung der handschriftlichen Überlieferung der Sammlung ist zu erwarten in H. Mordeks seit langem angekündigten Werk: Kirchenrecht und Reform im Frankenreich = Beiträge zur Geschichte und Quellenkunde des Mittelalters, hrsg. v. H. Fuhrmann, Bd. 1.
18 Autenrieth, Domschule 68 ff; W. Hagenmaier, Die Handschriften der Universitätsbibliothek und anderer öffentlicher Sammlungen in Freiburg im Breisgau und Umgebung I, 1 [zit. Handschriften] (Wiesbaden 1974) 10 ff.
19 E. Seckel †, Die erste Zeile Pseudoisidors ... hrsg. v. H. Fuhrmann, SB Berlin 1959 Nr. 4, 28.

›Dionysio-Hadriana‹ liegt, – die Hs 671 –, die diese Sonderrezension nicht enthält. Dies steht im Gegensatz zu der sonst oft wahrnehmbaren, auch naheliegenden Verwandtschaft der Texte in Handschriften der drei großen Bodenseebibliotheken von St. Gallen, Reichenau und Konstanz. Die Vorlage der Konstanzer ›Hadriana‹ wird eher im Westen zu suchen sein.

Decretales Pseudo-Isidorianae

Die Stuttgarter Handschrift HB VI 105 [20] ist um die Wende des 10. zum 11. Jahrhundert im Bodenseegebiet geschrieben. Sie enthält die pseudoisidorischen Dekretalen in der Rezension der von Hinschius sogenannten A 2 Klasse und geht wahrscheinlich mit dem verwandten Cod. Sangallensis 670 auf eine gemeinsame Vorlage zurück [21]. Ebenso wie die St. Galler Handschrift enthält sie anschließend an die Dekretalen einen Auszug aus dem Register Gregors d. Gr. [21a]. Für die Probleme der Pseudoisodor-Überlieferung wird diese Handschrift kaum Wesentliches bieten; so mag die Feststellung genügen, daß die pseudoisidorischen Dekretalen in Konstanz nicht fehlten.

Poenitentialia

An Poenitentialtexten sind aus dem 9. und 10. Jahrhundert aus Konstanz folgende Texte überliefert: Teile aus dem Poenitentiale des Theodorus Cantuariensis in der Hs HB VI 109 [22], anschließend an den schon besprochenen Text der ›Collectio Vetus Gallica‹. Finsterwalder hat diese Handschrift für seine Ausgabe benutzt. In der Handschrift HB VI 112, die ebenfalls die ›Collectio Vetus Gallica‹ enthält, finden sich das ›Poenitentiale Remense‹ und Stücke aus Hrabans ›Poenitentiale ad Heribaldum‹ [23], das von R. Kottje untersucht wurde [23a]. Das Vorhandensein

20 Vgl. Autenrieth, Handschriften 97.
21 So H. John: DA 28 (1972) 585 gegen Schafer Williams, Codices Pseudo-Isidoriani = Monumenta Iuris Canonici, Ser. C: Subs. vol. 3 (New York 1971) 58 (Williams stützt sich ebenso wie ich Canon Law Books 7 auf E. Sekkel in der Annahme, Stuttgart HB VI 105 sei eine Abschrift des Cod. Sangall. 670).
21a Dazu H. Fuhrmann, Einfluß und Verbreitung der pseudoisidorischen Fälschungen Bd. 2 = Schriften der Monumenta Germaniae Historica 24,2 (Stuttgart 1973) 320 Anm. 63; J. Petersmann, Die kanonistische Überlieferung des Constitutum Constantini: DA 30 (1974) 366 f und passim.
22 Fol. 120r–132v; zur Handschrift vgl. Anm. 9.
23 ›Poenitentiale Remense‹: fol. 49r–65v: ›Poenitentiale Hrabani ad Heribaldum‹: 78v, 80v, 140r; zur Handschrift vgl. Anm. 13.
23a Die Bußbücher Halitgars von Cambrai und Hrabanus Maurus. Überlieferung und Quellen (masch.-schriftl. Habil. Schrift, Bonn 1965).

dieser Texte ist weder besonders bemerkenswert, noch haben sie Seltenheitswert. Anders steht es mit dem ›Quadripartitus‹ in der Stuttgarter Hs HB VII 62 [24] aus dem 9. Jahrhundert. Der Band ist wahrscheinlich in der Abtei Reichenau geschrieben und gehörte dann zur Konstanzer Bibliothek. Im 14. Jahrhundert trug ein Konstanzer Bibliothekar folgenden Titel ein: *Liber Augustini de uita sacerdotum;* in Weingarten wurde der Band bei der systematischen Einordnung der Abteilung ›Homiletik‹ zugewiesen, nach der Säkularisation wurde er in Stuttgart in die Abteilung ›Patres‹ der Hofbibliothek eingereiht. So ist die Handschrift E. Seckel bei seiner Durchsicht der juristischen Handschriften der Württembergischen Landesbibliothek entgangen.

Nach Maassen [25], Mary Bateson [26] und G. Le Bras [27] waren bisher sieben Handschriften bekannt, die den ›Quadripartitus‹ ganz oder teilweise enthalten. Nur zwei davon überliefern alle vier Bücher: ein Vaticanus latinus und eine von Le Bras gefundene Handschrift in Vendôme; beide werden ins 11. Jahrhundert datiert. Die übrigen Handschriften, die Teile des ›Quadripartitus‹ enthalten, stammen nach den Angaben Maassens und Batesons aus dem 10. und 11. Jahrhundert, eine aus dem 12. Jahrhundert. Traut man diesen Datierungen, so ist das Konstanzer Exemplar das älteste und muß jedenfalls neben die zwei Handschriften, die die Sammlung vollständig enthalten, gestellt werden. Zieht man ferner in Betracht, daß der Text in einer schönen karolingischen Minuskel geschrieben ist, daß der Codex ein repräsentatives Format zeigt und die Buchanfänge mit reichen Rankeninitialen geschmückt sind, so bestehen die besten Voraussetzungen dafür, daß auch der Text, sollte er einmal näher untersucht werden, sich als gut erweisen wird.

Überblickt man, was bis zum 10. Jahrhundert in Konstanz an kanonistischen Texten vorhanden ist, so findet man die weder chronologisch noch systematisch geordnete, um die Wende vom 5. zum 6. Jahrhundert entstandene ›Quesnelliana‹ in reiner Form, die systematische ›Collectio Vetus Gallica‹ in zwei Exemplaren, die historische Sammlung der ›Dionysio-Hadriana‹ mit einer Sonderrezension der Einleitung und die pseudoisidorischen Dekretalen – eine beträchtliche Zahl großer, außer der ›Vetus Gallica‹ unhandlicher Sammlungen! Man fragt sich, welchen Zwecken diese Bücher, die gewiß nicht aus bibliophilen oder antiquarischen Neigungen beschafft wurden, gedient haben mögen. Wurden diese

24 Vgl. Autenrieth, Handschriften 219 f.
25 QL 852 f.
26 The Supposed Latin Penitential of Egbert: English Historical Review 9 (1894) 326.
27 Manuscrits vendômois du Quadripartitus: Revue des sciences religieuses 11 (1931) 266.

Sammlungen von den Kanonikern wirklich studiert, wurde das Kirchenrecht innerhalb der theologischen Ausbildung an Hand dieser Bücher gelehrt, oder wurden die Texte bei Synoden zur Verhandlung der Synodalbeschlüsse herangezogen? Zur praktischen Rechtsprechung wurden sie wohl kaum benutzt. Hierzu werden die Poenitentialien gedient haben. Es ist deshalb erstaunlich, wie wenig sich an solchen Texten in den heute noch vorhandenen Beständen der Konstanzer Bibliothek findet. Es mag sein, daß solche Gebrauchsbücher – ähnlich wie die Schulbücher für den Artes-Unterricht – verschlissen wurden und verloren gingen. Umso erfreulicher ist es, daß sich ein so seltener Text wie der ›Quadripartitus‹ in einem guten Exemplar aus der Konstanzer Bibliothek erhalten hat.

Regino von Prüm

Wie zu erwarten, waren in Konstanz die systematisch angelegten ›Libri duo de synodalibus causis‹ des Regino von Prüm vorhanden, waren sie doch für die Praxis viel leichter zu gebrauchen als die alten Sammlungen. Sie sind erhalten in der Stuttgarter Hs HB VI 114 aus dem 10. Jahrhundert mit Zusätzen aus dem 11. Jahrhundert [28]. Außer den zwei Büchern sind in der Handschrift einige der Appendices erhalten und zwischen diesen – als eigene Interpolation des Konstanzer Exemplars und der nahe verwandten Stuttgarter Hs HB VI 108 – die Beschlüsse der Synode von Ingelheim von 948 und der Synode von Augsburg von 952. An beiden Synoden hatte Bischof Konrad von Konstanz teilgenommen. Die Parallelhandschrift HB VI 108 [29] aus der zweiten Hälfte des 11. Jahrhunderts schöpfte den Reginotext – wie L. Weiland [30] nachwies – aus derselben Vorlage wie das Konstanzer Exemplar.

Burchard von Worms

Mindestens ebenso selbstverständlich wie das Vorhandensein der Bücher Reginos ist es, daß in Konstanz das Dekret des Bischofs Burchard von Worms [31] angetroffen wird, das, wie O. Meyer [32] gezeigt hat,

28 Vgl. Autenrieth, Handschriften 116 f.

29 A. a. O. 105 f; der Entstehungsort der Hs ist bis jetzt unbekannt, wird aber aus paläographischen Gründen in Südwestdeutschland zu suchen sein; um die Wende vom 14. zum 15. Jahrhundert wurde in Kloster Weingarten ein Besitzvermerk eingetragen.

30 Neues Archiv der Gesellschaft für ältere deutsche Geschichtskunde 15 (1890) 386.

31 Vgl. Autenrieth, Domschule 94 ff.; Hagenmaier, Handschriften 7 ff.

32 Überlieferung und Verbreitung des Dekrets des Bischofs Burchard von Worms: ZRG, kan. 24 (1935) 166 ff; Besonderheiten des Konstanzer Exemplars ebd. 153; Text der Notiz Bischof Eberhards I. von Konstanz 153 Anm. 2.

und wie es vom Inhalt her auch einleuchtend ist, hauptsächlich in Dombibliotheken vorhanden war, während es in Klosterbibliotheken seltener zu finden ist. Das Konstanzer Exemplar – heute Hs 7 der Freiburger Universitätsbibliothek – ist neben den von F. Pelster[33] besprochenen vatikanischen Handschriften Wormser Provenienz eines der ältesten heute noch erhaltenen. Die Handschrift wurde auf Veranlassung des Bischofs Eberhard I., der von 1036 bis 1046 in Konstanz regierte und auf dessen Betreiben mehrere Handschriften in die Bibliothek kamen, wahrscheinlich um 1040 geschrieben. Somit steht sie dem Urexemplar Burchards zeitlich ziemlich nahe. Der Codex enthält auf der letzten Seite eine Notiz, in der Bischof Eberhard auf seine Büchererwerbung hinweist und vom Dekret sagt, er habe dieses für die Konstanzer Kirche ganz besonders notwendige Buch anfertigen lassen, denn *pro amplitudine episcopatus* – bei der Ausdehnung des Bistums (oder: wegen der Würde des bischöflichen Amtes?) entstünden unter den Synodalen oft Kontroversen, die ohne die Autorität dieses Buches nicht gelöst werden könnten. Ferner diene das Buch dazu, daß die Angehörigen der bischöflichen Kurie (*nostri cooperatores*) gemäß dem Geist der kanonischen Ordnung (*pro intuitu canonicae institutionis*) und nicht nach eigenem Ermessen Gericht halten, Gesetze erlassen und Anordnung erteilen könnten. Damit wird der Zweck dieser Rechtssammlung, wie ihn gewiß auch ihr Autor für den Gebrauch im Bistum Worms im Auge hatte, trefflich charakterisiert.

Literatur des Investiturstreits

In der Zeit des Investiturstreits werden in Konstanz nicht nur Texte tradiert, sondern kritisch studiert und auch verfaßt. Schwierig ist die Frage der Lokalisierung der hier in erster Linie in Betracht kommenden Texte, d. h. der ›Diversorum patrum sententiae‹ (›Collectio LXXIV titulorum‹) und der Streitschriften Bernolds. Das Konstanzer Kapitel ist in den 70er und 80er Jahren gespalten, Bischöfe des kaiserlichen und des päpstlichen Lagers stehen gegeneinander, behaupten wechselseitig ihre Stellung in der Bischofstadt oder suchen Zuflucht in der Umgebung. Wo die päpstlich gesinnten Kleriker – unter ihnen vor allem der Kanonist Bernold, aber auch zwei nur aus Randbemerkungen in Handschriften

33 Das Dekret Bischof Burkhards von Worms (1000–1025) in vatikanischen Handschriften: Miscellanea Giovanni Mercati 2 = Studi e Testi 122 (Città del Vaticano 1947) 114–157. Vgl. ferner G. Fransen, La tradition manuscrite du Décret de Burchard de Worms: Ius Sacrum. Klaus Mörsdorf zum 60. Geburtstag (München, Paderborn, Wien 1969) 114, 116 f.; H. Fuhrmann (wie Anm. 21a) 460 u. passim.

bekannte Kanoniker[34] – ihre kanonistischen Texte studierten bzw. verfaßten, läßt sich nicht mit Bestimmtheit sagen.

Die Vehemenz der Bernoldschen Schriften ist bekannt, bekannt auch sein Eifer, in dem er »päpstlicher als der Papst« argumentierte. Das Wichtigste in diesem Zusammenhang aber ist, daß Bernold mit Hilfe der in der Konstanzer Bibliothek vorhandenen alten Sammlungen – eigenhändige Bemerkungen vor allem in der ›Quesnelliana‹, der ›Hadriana‹ und dem ›Decretum Burchardi‹ zeugen von seiner intensiven Benutzung – seine kritische Methode entwickelt hat, von der M. Grabmann in seiner Geschichte der scholastischen Methode sagt: »Der Kanonist Bernold von Konstanz verwendet bereits jene äußere Technik der wissenschaftlichen Darlegung, die wir als die Sic-et-non-Methode Abälards bezeichnen«[35].

Keine der heute noch erhaltenen zehn Handschriften seiner Streitschriften läßt sich meines Wissens mit Sicherheit aus der Konstanzer Dombibliothek herleiten. Die Stuttgarter Handschrift HB VI 107[36], die unter vielem anderen Bernolds Briefwechsel ›De damnatione schismaticorum‹, den ›Apologeticus‹ für Gregor VII. und eine Zusammenstellung von Exkommunikationen enthält, kann in Konstanz geschrieben worden sein, ebensogut aber in St. Blasien oder Schaffhausen. Nun spielt aber die Bibliothekszugehörigkeit bei diesen Texten, die aktuelles Schrifttum enthielten, also zum Kursieren bestimmt waren, kaum eine Rolle, solange der Wirkungsbereich – und das ist bei fünf Handschriften das Gebiet des Bistums Konstanz – bekannt ist.

Sehen wir die genannte Stuttgarter Handschrift im Ganzen an: Sie enthält außer den schon erwähnten Schriften Bernolds die ebenfalls höchst aktuellen ›Diversorum patrum sententiae‹ in der – wahrscheinlich von Bernold ausgehenden – süddeutschen Redaktion[37], daneben eine große Zahl kanonistischen Materials: Das ›Decretum Gelasianum‹, thematisch zusammengestellte Gruppen von Canones, Adnotationes zu den Konzilien, die Canones der 4 Hauptkonzilien in der Form der ›Hadriana‹, die ›Epitome Hadriani‹, Stücke aus der Sammlung von 98 Ka-

34 Vgl. Autenrieth, Domschule 118 ff.

35 M. Grabmann, Die Geschichte der Scholastischen Methode Bd. 1 (Freiburg 1909; Nachdruck Graz 1957) 235.

36 Vgl. Autenrieth, Handschriften 100–105.

37 Vgl. Autenrieth, Bernold von Konstanz und die erweiterte 74-Titelsammlung: DA 14 (1958) 375–394. – Die Handschrift HB VI 107 ist beschrieben und benutzt (Sigle S) in der Edition von J. T. Gilchrist: Diuersorum patrum sententiae siue Collectio in LXXIV titulos digesta. = Monumenta Iuris Canonici, Ser. B: Corpus collectionum vol. 1 (Città del Vaticano 1973); zum Anhang der süddeutschen Redaktion bes. XXVII–XXXI §§ 19–25).

piteln, Exzerpte aus dem ›Poenitentiale Theodori Cantuariensis‹, das ›Poenitentiale Hrabani ad Heribaldum‹, das ›Poenitentiale Ps.-Romanum‹, Exzerpte aus dem Dekret Burchards von Worms und Ordines – kurz: ein bunt zusammengewürfeltes Material ohne ersichtlichen Zusammenhang, es sei denn, man nähme an, es handle sich hier um eine Textsammlung, die sich ein Kanonist als praktisches Vademecum zusammengestellt habe. Ich möchte vermuten, daß Bernold dahintersteht; die aktuellen Schriften stammen von ihm oder sind möglicherweise von ihm redigiert [38], er war interessiert an der Hierarchie und der Frage der Autorität kirchlicher Schriften im ›Decretum Gelasianum‹, er benutzte die Konzilstexte der ›Hadriana‹, deren Textüberlieferung er gegenüber anderen Sammlungen den Vorzug gab, er hatte Interesse an den Adnotationes, und schließlich brauchte er bei seiner praktischen Tätigkeit als päpstlicher Poenitentiar Poenitenztexte und Bestimmungen aus Burchards Dekret.

Wenn also Bernold hinter dieser Sammlung steckte, wäre es bei der Autorität, die er besaß, auch begreiflich, daß ein zunächst für persönlichen Gebrauch zusammengestelltes Handexemplar kanonistischer Texte abgeschrieben und promulgiert wurde; und auf diese Weise konnte die von sehr nachlässigen Schreibern ausgeführte Stuttgarter Handschrift entstanden sein. Ein in vielem dieser Handschrift verwandter Codex liegt in St. Gallen in der Hs 676 vor, er ist bemerkenswert durch einige von Bernold eigenhändig geschriebene Textpartien und überliefert einen Brief Gregors VII. auffälligerweise vollständiger als die Register [39]. Dem Zusammenhang dieser und einiger anderer Handschriften – vor allem hinsichtlich der Engelberger Hs 52 [40] – müßte noch gründlicher nachgegangen werden. Immerhin mag durch das Gesagte deutlich geworden sein, daß die praktische und theoretische Beschäftigung mit kanonistischen Texten im Gebiet des Bistums Konstanz während der Zeit des In-

38 Die Randbemerkungen zum Briefwechsel ›De damnatione schismaticorum‹ zwischen Bernold und Alboin in der Stuttgarter Handschrift HB VI 107 gehen möglicherweise auf autographe Bemerkungen Bernolds in der Vorlage zurück; vgl. Autenrieth, Domschule 135 ff.

39 Autenrieth, Der bisher unbekannte Schluß des Briefs Gregors VII. an Mathilde von Tuscien: DA 13 (1957) 534–538. Die Handschrift ist beschrieben und benutzt (Sigle G) in Gilchrists Edition (wie Anm. 37).

40 Autenrieth (wie Anm. 37) 386; dort sind auch noch andere verwandte Handschriften verzeichnet. Die Hs Engelberg 52 ist beschrieben und benutzt (Sigle E) in Gilchrists Edition (wie Anm. 37). Da in Gilchrists Edition noch nicht zitiert, sei hingewiesen auf H. Fuhrmann (wie Anm. 21a) 486 ff., der für seine Textzitate der von Thaner nicht erfaßten Teile der Sententiae die Engelberger Hs benutzte.

vestiturstreits einen Höhepunkt erreicht hat, repräsentiert durch die Person Bernolds und seine Umgebung, und daß die Streitschriften mindestens im Südwesten Deutschlands eine große Auswirkung gefunden haben.

Decretum Gratiani

Merkwürdigerweise ist aus der Konstanzer Bibliothek keine Dekrethandschrift überliefert. Der Bibliothekskatalog von 1343 enthält zehn Handschriften mit vorgratianischen Canonessammlungen, die sich fast alle mit heute erhaltenen Handschriften decken und deren jüngste das Dekret Burchards von Worms ist. Dekret- oder Dekretalenhandschriften sind hingegen nicht im Katalog zu finden. Ein einziger späterer Text ist verzeichnet, nämlich eine *glosa Tancredi super decretales et libellus Tancredi sive notabilia quedam super decretales totum in uno volumine*, womit die unten zur Sprache kommende Handschrift Fulda D 6 gemeint sein kann. Zurück zum Dekret: daß weder eine Handschrift erhalten noch eine im Katalog verzeichnet ist, besagt keineswegs, daß tatsächlich keine vorhanden war. Das Fehlen im Katalog könnte damit zu erklären sein, daß das Dekret als dauernd gebrauchtes Handbuch nicht in der Bibliothek aufbewahrt wurde, was auch bei liturgischen Handschriften oder Schulbüchern vorkam. Von der Bedeutung, die das Dekret bald erlangte, und seiner raschen Verbreitung her ist mit Sicherheit anzunehmen, daß die Konstanzer Kurie den Text besaß [40a].

Texte zwischen Dekret und Dekretalen

Die jetzt in der Landesbibliothek Fulda liegende Handschrift D 6 stammt aus der Konstanzer Dombibliothek und enthält die von Schulte, Gillmann und Kuttner behandelten ›Compilationes antiquae‹ I bis IV mit Glossenapparaten [41]. Die Handschrift, die ich nur aus einer Photokopie kenne, dürfte kaum in Konstanz entstanden sein, sondern ist vermutlich in Italien in der 2. Hälfte des 13. Jahrhunderts geschrieben; man ist versucht, an Bologna zu denken.

40a Der Nachricht über ein »decretum cum apparatu antiquo« im Besitz eines Magisters und Kanonikers der St. Johannes-Kirche in Konstanz (1311) im ›Copeybuch‹ Denkendorf (Hauptstaatsarchiv Stuttgart H 14–15, Nr. 51 S. 61) wäre noch nachzugehen. Den Hinweis verdanke ich Herrn Prof. Kaspar Elm.

41 Vgl. St. Kuttner, Repertorium der Kanonistik Bd. 1 = Studi e Testi 71 (Città del Vaticano 1937) 331, 348, 360, 375.

Die Fuldaer Handschrift D 10 – von Kuttner vielfach zitiert[42] – ist von vielen Händen aus der 2. Hälfte des 13. Jahrhunderts geschrieben. Sie gehörte schon vor der Erwerbung der Konstanzer Bücher zur Weingartner Bibliothek. Doch weist Löffler[43] auf einen Eintrag hin, wonach die Handschrift aus Konstanz stammen soll. Demnach hätte man in Konstanz die Summa des Ambrosius, die Quaestionen des Damasus, die nach diesem Codex benannten ›Quaestiones Fuldenses‹, die ›Brocarda Damasi‹, Notabilien, Casus zu den 4 Kompilationen und den ›Ordo iudiciarius‹ *Si quis vult* besessen.

Dekretalen, Sextus, Clementinen

Zur Konstanzer Dombibliothek gehörte eine von Friedberg in seiner Ausgabe benutzte Handschrift der ›Decretales Gregorii IX‹ mit verschiedenen Glossenschichten; es ist die jetzt in Fulda liegende Handschrift D 24, die im 14. Jahrhundert in Bologna geschrieben und mit figürlichen Initialen geschmückt ist. Eigenartigerweise steht vor dem Beginn der Dekretalen die ›Introductio decreti anonyma‹: *In prima parte agitur de iustitia naturali et positiva.* Der Schreiber, der eine ausgesprochen elegante italienische Schrift schreibt, verrät uns in seinen in weniger eleganten Versen verfaßten Stoßseufzern, daß er für einen dominus Eberhard arbeitet. So vermerkt er am Schluß des dritten Buches der Dekretalen: *Herre got wiz gelobth daz her Eberhart niht mer also tobeth;* in Buch fünf: *ach richer goth ac suzzer goth behute min lieb durch din geboth/ ich mach nit wezen vro wenne ich gan vf daz stro. // Herre Eberharth ist ein wol gemahter man dez ich mi vil wol gan.* Ein andermal: *Dominus Eberhardus futurus doctor decretorum,* später: *Mi syr Eberhardus* und am Schluß des 5. Buches klagt er seinen Herrn an: *Dominus Eberhardus satis est ad munera tardus.* Offenbar war die Honorierung für die Beendigung der Arbeit doch nicht befriedigend!

In den Konstanzer Regesten[44] lassen sich in der in Betracht kommenden Zeit drei Domherren namens Eberhard finden: Eberhard von Nellenburg, Eberhard Insiegler, Eberhard Mer von Schaffhausen. Sie alle werden nicht doctor decretorum tituliert; lediglich Eberhard Mer wird in einem Regest (Nr. 5115) von 1353 als Studierender des kanonischen

42 A. a. O. 473; vgl. auch Studia et documenta historiae et iuris 6 (1940) 112 und passim; G. Fransen, Les ›Questiones‹ des canonistes (III u. IV): Traditio 19 u. 20 (1963, 1964) 517 ff. u. 495; ferner ist die Hs zitiert von J. A. Martin Avedillo, Estado actual de la investigación sobre el canonista Ambrosius: Proceedings (wie Anm. 8a) 103–111.

43 Wie Anm. 2, 112.

44 Regesta episcoporum Constantiensium Bd. 2 (Innsbruck 1905) Nr. 5115.

Rechts und Anwärter auf eine Pfründe am Konstanzer Dom bezeichnet. Möglicherweise ist also Eberhard Mer der Auftraggeber der Konstanzer Dekretalenhandschrift Fulda D 24.

An Schriften zu den Dekretalen waren in Konstanz der ›Apparatus Innocentii IV‹, die ›Casus summarii‹, die ›Additiones Johannis Andreae‹, die ›Distinctiones Henrici Bohic‹, die ›Summa super rubricis decretalium‹ des Goffredus de Trano, ferner Schriften des Jacobus de Zocchis de Ferraria, Antonius de Butrio und Philippus Franchus de Franchis vorhanden; zum Sextus besaß die Dombibliothek Schriften von Johannes Andreae, Johannes de Lignano, Lapus Tactus und Dominicus de S. Geminiano [45].

Von den Clementinen sind drei Handschriften Bologneser Ursprungs aus dem 14. Jahrhundert aus der Konstanzer Bibliothek erhalten [46], zwei davon sind von Friedberg in seiner Ausgabe benutzt. Alle drei Handschriften enthalten Glossen, die mehr oder weniger schon die Form der Glossa ordinaria angenommen haben.

Extravaganten

›Extravagantes Bonifacii VIII, Benedicti XI, Clementis V‹ und ›Extravagantes Johannis XXII‹ mit den Apparaten des Johannes Monachus, Zenzelinus de Cassanis und Guilelmus de Monte Lauduno sind in drei Handschriften aus Konstanz überliefert [47], die Friedberg zum Teil ebenfalls benutzte.

Auf die Verzeichnung der spätmittelalterlichen kanonistischen Monographien aus der Konstanzer Bibliothek soll, soweit sie nicht an die Rechtssammlungen gebunden sind, verzichtet werden. Nur auf zwei Handschriften aus der Dombibliothek sei noch hingewiesen: in der Stuttgarter Handschrift HB VI 61 schließt an die Extravaganten ein ›Liber cancellariae‹ an, der einen Auszug aus dem Avignonesischen Kanzleibuch ähnlich dem des Dietrich von Nieheim enthält [48]. Die Analyse der einzelnen Stücke ergibt eine nahe Verwandtschaft mit dem Kanzleibuch in dem von Tangl beschriebenen Codex Barberinus XXXV 69. In einer anderen Stuttgarter Hs – HB VI 86, die die ›Decisiones novae rotae‹ enthält – stehen außerdem die ›Regulae cancellariae Euge-

45 Vgl. Löffler wie Anm. 2; Autenrieth, Handschriften, Register. Zu Lapus Tactus (Stuttgart HB VI 61) s. St. Kuttner, The apostillae of Johannes Andreae on the Clementines: Etudes d'histoire du droit canonique dédiées à G. Le Bras, T. 1 (Paris 1965), 200.

46 Heute in der Landesbibliothek Fulda D 15–17.

47 Vgl. Autenrieth, Handschriften, Register.

48 A. a. O. 55 ff.

nii papae IV‹ [49]. Diese beiden Handschriften kamen durch den Konstanzer Kanoniker und doctor decretorum Jacobus Grimm, der von 1436 an als Propst von St. Johann in Konstanz, von 1458 bis 1470 als bischöflicher Offizial in den Konstanzer Urkunden genannt ist, in die Dombibliothek. Diesem Kanoniker verdankt die Dombibliothek außerdem sicher sechs und wahrscheinlich noch vier weitere kanonistische Handschriften. Ferner ist ein von ihm verfaßtes ›Consilium in causa matrimonii‹ zweier Konstanzer Bürger überliefert, und endlich hat er sich als Schreiber kurzer Partien in einer Bedahandschrift betätigt [50].

Zieht man das Résumé für die nachgratianischen Texte in der Dombibliothek Konstanz, so zeigen sich für die Compilationes antiquae, die ›Decretales Gregorii IX‹, die ›Clementinae‹ und ›Extravagantes‹ gute, teilweise sogar sehr gute Exemplare neben einer durchschnittlichen exegetischen Literatur, die aber zweifellos für Praxis und Theorie des Kirchenrechts an einer bischöflichen Kurie genügte.

Man kann also konstatieren, daß in Konstanz von der karolingischen Zeit an ein kontinuierlicher Wille vorhanden war, die notwendigen juristischen Quellen und die Literatur bis ins späte Mittelalter hinein zu besitzen. Der Höhepunkt der kanonistischen Aktivität des Domkapitels liegt im Investiturstreit, während im späten Mittelalter von den Konstanzer doctores decretorum wohl mehr oder weniger nur Routinearbeit ohne eigenen literarischen Beitrag geleistet worden ist.

49 A. a. O. 81 ff.
50 Diese Handschriften sind a. a. O. 244 s. v. verzeichnet.

RAYMUND KOTTJE

Kirchenrechtliche Interessen im Bodenseeraum vom 9. bis 12. Jahrhundert

Der folgende Beitrag bietet die nur wenig überarbeitete Fassung eines Vortrags, der am 18. Mai 1974 auf Einladung des »Konstanzer Arbeitskreises für mittelalterliche Geschichte« in Konstanz gehalten wurde. Für wertvolle Hilfe bei der Druckvorbereitung danke ich Dr. Georg Kreuzer, Augsburg.

Zusammen mit den Ergebnissen der früheren Untersuchung von Johanne Autenrieth über »Die Domschule von Konstanz zur Zeit des Investiturstreits« [1] vermittelt ihr Überblick über die aus der Umgebung des Bischofs von Konstanz erhaltenen kirchlichen Rechtsbücher des Mittelalters [2] eine Vorstellung von den kirchenrechtlichen Interessen im mittelalterlichen Konstanz. Im folgenden soll die Frage nach dem kirchenrechtlichen Interesse auf den Raum um den Bodensee ausgedehnt werden, allerdings mit Beschränkung auf die Zeit bis zur Mitte des 12. Jahrhunderts.

Den gesamten Bodenseeraum, zu dessen geistigen und kirchlichen Zentren außer St. Gallen, Reichenau und Konstanz später auch Schaffhausen und St. Blasien zu rechnen sind, als gleichsam geistige Einheit zu untersuchen, berechtigen wohl nicht nur die vielfachen persönlichen Querverbindungen zwischen den genannten Zentren – hingewiesen sei hier nur auf die Konstanzer Bischöfe des 8. und 9. Jahrhunderts, die zugleich Äbte von St. Gallen oder Reichenau waren [3], oder auf den Weg Bernolds, der nach langjährigem Wirken in Konstanz Mönch in St. Blasien und dann in Allerheiligen-Schaffhausen wurde [4]. In unserem Zusammenhang gewichtiger sind die zahlreichen Zeugnisse für einen regen geistigen Austausch [5], die es erlauben dürften, diesen Raum wissenschaftlich als eine in mancher Hinsicht geistige Einheit zu betrachten.

1 Forschungen zur Kirchen- und Geistesgeschichte, N. F. Bd. 3 (Stuttgart 1956).

2 J. Autenrieth, The Canon Law Books of the Curia episcopalis Constantiensis from the Ninth to the Fifteenth century: Proceedings of the Second International Congress of Medieval Canon Law, ed. by St. Kuttner and J. J. Ryan = Monumenta Iuris Canonici, Ser. C: Subsidia, vol. 1 (Città del Vaticano 1965) 3–15, deutsche Fassung in diesem Band o. S. 5 ff. (in den folgenden Anmerkungen wird nur diese Fassung zitiert).

3 Vgl. Autenrieth, Domschule 10–12; H. Tüchle, Kirchengeschichte Schwabens, Bd. 1 (Stuttgart ²1950), 113, 139, 142 f. u. O. Feger, Geschichte des Bodenseeraumes 1 (Lindau-Konstanz 1956) 115, 166 ff.

4 Vgl. Tüchle, a. a. O. 222; J. Autenrieth, Art. Bernold von Konstanz: LThK 2 ² (1958) 259; O. Feger, Geschichte des Bodenseeraumes 2 (1958) 75 f.

5 Vgl. Tüchle, a. a. O. 112 ff.; Autenrieth o. pass. und Feger, Geschichte pass.

Die zeitliche Begrenzung ist bestimmt durch den Markierungspunkt der kirchlichen Rechtsgeschichte, den das Decretum Gratiani und seine ungewöhnlich rasche Verbreitung seit der Mitte des 12. Jahrhunderts darstellt [6]. Die Rezeption dieses Werkes durch Theorie und Praxis hat es nämlich – wie fast überall in der abendländischen Kirche so auch im Bodenseeraum – bewirkt, daß mit der Bedeutung auch das Interesse an den älteren kirchlichen Rechtsbüchern ziemlich abrupt aufhörte. Dies läßt sich allein schon daran ablesen, daß seit der 2. Hälfte des 12. Jahrhunderts die weitere Überlieferung dieser älteren Werke durch neue Abschriften versiegt [7]. Es ist erstaunlich, daß sie dennoch nicht restlos den Weg gegangen sind, den viele ältere, nutzlos gewordene Handschriften gehen mußten, indem sie als Makulatur, zur Verstärkung von Einbänden oder zum Schutz neuer Werke oder zu sonstigen, sie zerstörenden Zwekken gebraucht wurden, um die Bibliotheken von diesem Ballast zu befreien. Die erhaltenen Exemplare dieser Werke sind vielmehr auch aus dem Bodenseeraum noch so zahlreich, daß uns von ihnen her manche Einblicke in Richtungen und Zusammenhänge des geistigen Lebens dieses Raumes eröffnet werden.

Wie Autenrieth festgestellt hat [8], verfügte man am Konstanzer Bischofssitz wahrscheinlich bereits seit dem 9. Jahrhundert über die großen

6 Vgl. G. Fransen, La date du Décret de Gratien: RHE 51 (1956) 521–531. Über Gratian als Markierungspunkt der kirchlichen Rechtsgeschichte vgl. u. a. H. E. Feine, Kirchliche Rechtsgeschichte, Bd. I: Die katholische Kirche (Köln-Wien [5]1972) 276 ff.; A. Garcia y Garcia, Historia del Derecho Canonico 1 (Salamanca 1967) 15; St. Kuttner, Graziano: l'uomo e l'opera: Studia Gratiana 1 (1953) 17–29, bes. 29.

7 Als Beispiel sei hingewiesen auf die Überlieferung von Burchards »Dekret«, also eines relativ jungen Werkes, vgl. O. Meyer, Überlieferung und Verbreitung des Dekrets des Bischofs Burchard von Worms: ZRG Kan. 24 (1935) 141–183, hier 152, u. H. Mordek, Handschriftenforschungen in Italien I. Zur Überlieferung des Dekrets Bischof Burchards von Worms: QFIAB 51 (1971) 632 f. u. 646 Anm. 56; vgl. auch die Überlieferung der irischen Bußbücher bei L. Bieler (Hrsg.), The Irish Penitentials = Scriptores Latini Hiberniae V (Dublin 1963) 12–16; instruktiv ist trotz mancher Fehler und Lücken in diesem Zusammenhang auch die Übersicht über die Überlieferung der Canones Theodori von P. W. Finsterwalder, Die Canones Theodori Cantuariensis und ihre Überlieferungsformen (Weimar 1929) 10 ff. (tabellarische Übersicht 223 f.); für das Versiegen der Bußbücher-Überlieferung seit der Mitte des 12. Jhs. bieten weitere Beispiele die Bußbücher Halitgars und des Hrabanus Maurus, vgl. R. Kottje, Die Bußbücher Halitgars von Cambrai und des Hrabanus Maurus. Überlieferung und Quellen (masch.-schriftl. Habil.-Schrift, Bonn 1965).

8 Zu den folgenden Darlegungen über die genannten Werke sei hier nur summarisch auf Autenrieth, o. S. 8 ff. hingewiesen; im übrigen werden zu den einzelnen Werken lediglich über Autenrieth hinausführende Belege, Feststellungen oder Hinweise angeführt.

systematischen Rechtssammlungen Quesnelliana [9], Vetus Gallica (in der Fachliteratur bis vor wenigen Jahren als »Collectio Andegavensis« bezeichnet) [10] und Dionysio-Hadriana [11]. Wenigstens seit dem 10. Jahrhundert besaß man auch einen Ps-Isidor [12], ja, man wird annehmen dürfen, daß das »Konstanzer Handschriftenblatt des 9. Jahrhunderts« mit Texten aus Ps-Isidor, das Alban Dold bekanntgemacht hat [13], für das Vorhandensein eines Ps-Isidor-Exemplars in der Konstanzer Bibliothek schon im 9. Jahrhundert spricht.

Einen weiteren Zuwachs an Rechtsbüchern erhielt die Konstanzer Dombibliothek noch vor Bernolds Zeiten durch ein möglicherweise in Konstanz, sonst aber sicher in einem nicht weit entfernten Skriptorium geschriebenes Exemplar der »Libri II de synodalibus causis« des Regino von Prüm. Von der 100 Jahre später ebenfalls auf westdeutschem Boden kompilierten und wie Reginos Werk für die bischöfliche Praxis bestimmten Rechtssammlung – »Dekret« – des Bischofs Burchard von Worms

9 Zur Handschrift Einsiedeln Ms. 191 vgl. zuletzt B. Bischoff, Frühkarolingische Handschriften und ihre Heimat: Scriptorium 22 (1968) 308: »Nordostfrankreich oder nordwestliches Austrasien«.

10 Die sachgemäße Bezeichnung als »Vetus Gallica« ist zuerst von H. Mordek, Zur handschriftlichen Überlieferung der Dacheriana: QFIAB 47 (1967) 574 Anm. 1 vorgeschlagen worden, vgl. auch Ders., Die Rechtssammlungen der Handschrift von Bonneval – ein Werk der karolingischen Reform: DA 24 (1968) 339 f. Anm. 2; eine eingehende Begründung seines Änderungsvorschlags bietet Mordek, Die »Collectio Vetus Gallica«. Die älteste systematische Kanonessammlung des fränkischen Gallien: Proc. of the Third Internat. Congress of Medieval Canon Law = Monumenta Iuris Canonici, Ser. C: Subs. vol. 4 (Città del Vaticano 1971) 15 ff. (auch in: Francia 1, 1973, 45 ff.), sie ist außerdem zu erwarten in seinem seit Jahren angekündigten Werk »Kirchenrecht und Reform im Frankenreich« (Beiträge zur Geschichte und Quellenkunde des Mittelalters, hrsg. v. H. Fuhrmann, Bd. 1).

11 Über die älteste Überlieferung der Dionysio-Hadriana vgl. R. Kottje, Einheit und Vielfalt des kirchlichen Lebens in der Karolingerzeit: ZKG 76 (1965) 336 ff. (Freiburg, Univ.-Bibl., Hs. 8, aus dem Bodensee-Konstanzer-Raum hier 338 Anm. 60 Nr. 7 genannt).

12 Zur Handschrift Stuttgart HB VI 105, s. X/XI, vgl. Sch. Williams, Codices Pseudo-Isidoriani. A palaeographico-historical study = Monumenta Iuris Canonici, Ser. C: Subs. vol. 3 (New York 1971) 58, dessen erheblich von Autenrieth (vgl. o. S. 12) abweichender Datierung (»late ninth or early tenth century«) ich nicht folgen kann. Über das Verhältnis zu St. Gallen Cod. 670 vgl. u. Anm. 26.

13 A. Dold, Ein altes Konstanzer Handschriftenblatt des 9. Jahrhunderts mit Auszügen aus Pseudoisidor über das Verhalten der Bischöfe in Anklagefällen: AkKR 111 (1931) 17–30; vgl. Autenrieth, Domschule 75; Williams, Codices Pseudo-Isidoriani 84 u. 130.

(1000–1025) ließ schon Bischof Eberhard I. von Konstanz (1034–1046) eine Abschrift für sich und seine Kirche herstellen, die heute zu den ältesten erhaltenen Zeugen dieses Werkes zählt [14].

Dieser mithin recht beträchtliche Bestand an großen kirchlichen Rechtssammlungen hat zwar bis zur Zeit Gratians, soweit erkennbar, keine Erweiterung mehr erfahren. Aber er wird auch als Grundlage für die bischöfliche Tätigkeit, für die Arbeit von Synoden wie für die theoretische Beschäftigung mit Fragen der kirchlichen Rechtsüberlieferung, voll ausgereicht haben, dürften doch in diesen Sammlungen alle damals maßgeblichen Quellen des älteren kirchlichen Rechts erfaßt gewesen sein. Bernold jedenfalls haben sie nachweislich als reiche Schatzkammer bei der Abfassung seiner theologischen, kirchenrechtlichen und kirchenpolitischen Schriften gedient [15]. Dabei konnte er allerdings auch noch aus anderen Sammlungen schöpfen, die erst zu seiner Zeit in Konstanz oder St. Blasien oder Schaffhausen zusammengeschrieben worden sind [16], und in die man sowohl neue Werke – wie die damals kirchenpolitisch explosive 74-Titel-Sammlung [17] – und ältere, aber bislang in Konstanz weniger beachtete Texte aufnahm [18]. Unter diesen Texten waren auch

14 Vgl. außer den von Autenrieth o. S. 14 f. Anm. 32 und 33 zitierten Arbeiten zuletzt G. Fransen, Burchard de Worms: Quête des manuscrits: Traditio 26 (1970) 446 f. u. Mordek, Handschriftenforschungen 632–650.

15 Vgl. Autenrieth, Domschule 121 ff. über die eigenhändigen Notizen und Glossen Bernolds.

16 Vgl. Hs. Stuttgart HB VI 107 und St. Gallen Cod. 676, u. S. 36 Anm. 70.

17 Vgl. A. Michel, Die Sentenzen des Kardinals Humbert, das erste Rechtsbuch der päpstlichen Reform = Schriften der MGH 7 (Stuttgart 1943, Nachdr. 1959), bes. 146 u. 151 ff.; J. Autenrieth, Bernold von Konstanz und die erweiterte 74-Titelsammlung: DA 14 (1958) 375–394; H. Hoesch, Die Kanonischen Quellen im Werk Humberts von Moyenmoutier = Forschungen zur kirchlichen Rechtsgeschichte und zum Kirchenrecht 10 (Köln-Wien 1970) 162 ff.; über den Reformcharakter der Sammlung H. Fuhrmann, Einfluß und Verbreitung der pseudoisidorischen Fälschungen II = Schriften der MGH 24, II (Stuttgart 1973) 487 ff. und Ders., Über den Reformgeist der 74-Titel-Sammlung: Festschrift H. Heimpel = Veröffentl. d. Max-Planck-Instituts f. Geschichte, Bd. 2 (Göttingen 1972) 1101–1120; Edition der Sammlung von J. T. Gilchrist, Diversorum patrum sententie sive Collectio in LXXIV titulos digesta = Monumenta Iuris Canonici, Ser. B: Corpus Collectionum, vol. 1 (Città del Vaticano 1973).

18 Ein besonders bemerkenswertes Beispiel für eine solche Sammlung stellt die Hs. Stuttgart HB VI 107, s. XI ex., dar; vgl. über ihren Inhalt außer Autenrieth o. S. 16, Dies., Domschule 106–115 und Dies., Die Handschriften der Württembergischen Landesbibliothek Stuttgart II 3 (Wiesbaden 1963) 100–105; über den mit dieser Handschrift verwandten St. Galler Codex 676 vgl. G. Scherrer, Verzeichnis der Handschriften der Stiftsbibliothek von St. Gallen (Halle 1875) 220 f. und u. S. 36 ff.

Bußbücher, und zwar außer Exzerpten aus den Canones Theodori auch das »Paenitentiale ad Heribaldum« des Hrabanus Maurus und das oft als »Paenitentiale Romanum« überlieferte 6. Buch des Paenitentiale, das Bischof Halitgar von Cambrai verfaßt hatte [19]. Unter der älteren Konstanzer Überlieferung sind hingegen bis auf wenige Exzerpte in 2 Handschriften [20] keine Zeugnisse von Bußbüchern erhalten. Das ist, wie schon Autenrieth mit Recht bemerkte [21], überraschend, enthielten doch die Bußbücher Angaben über die den einzelnen Sünden angemessenen Bußleistungen und dienten damit einem wichtigen Bereich der Seelsorge [22].

Ein gerade in dieser Hinsicht anderes Bild bietet die Überlieferung der Reichenau und noch ausgeprägter die St. Gallens. Beide besaßen ebenfalls nach Ausweis der erhaltenen Handschriften und der Einträge in den großen Katalogen und in kleineren Verzeichnissen schon wenigstens seit Beginn des 9. Jahrhunderts einige der großen systematischen Rechtssammlungen: die auch aus Konstanz überlieferte Dionysio-Hadriana [23] und je ein wohl bereits im 1. Viertel des 9. Jahrhunderts ge-

19 Daß der »liber sextus« des Paenitentiale Halitgari entgegen der nur in den Sangallenses 277 und 570 (über sie vgl. u. S. 34 ff.) fehlenden Angabe am Ende der Praefatio wie in der überleitenden Formulierung nach Buch V (Migne, PL 105, 693 C u. H. J. Schmitz, Die Bußbücher und das kanonische Bußverfahren II, Düsseldorf 1898, Nachdr. Graz 1958, 255, 266 u. 290) nicht »de scrinio romanae ecclesiae« genommen ist, hat bereits P. Fournier, Etudes sur les Pénitentiels III: Rev. d'hist. et de litt. relig. 8 (1903) 550 u. 552 f. nachgewiesen (vgl. auch P. Fournier – G. Le Bras, Histoire des collections canoniques en Occident depuis les fausses décrétales jusqu'au décret de Gratien I, Paris 1931, Nachdr. Aalen 1972, 110); zu einer Bestätigung der Auffassung Fourniers führte die Untersuchung der handschriftlichen Überlieferung (ausführlich dargelegt in meiner Anm. 7 zitierten, noch ungedruckten Habil.-schr. S. 179 ff.).

20 Hs. Stuttgart HB VI 109, s. IX 1/3, foll. 120^{r}–132^{v}: Canones Theodori, vgl. Autenrieth, Handschriften 107; Hs. Stuttgart HB VI 112, s. X, vor allem foll. 49^{r}-65^{v} das fast vollständige sog. Paenitentiale Remense, vgl. Autenrieth a. a. O. 111 ff.

21 Autenrieth o. S. 14.

22 Vgl. H. von Schubert, Geschichte der christlichen Kirche im Frühmittelalter (Tübingen 1921) 684 f.; Fournier-Le Bras a. a. O. 50 ff.; B. Poschmann, Die abendländische Kirchenbuße im frühen Mittelalter = Breslauer Studien zur historischen Theologie XVI (Breslau 1930), bes. 1–24; J. A. Jungmann, Die lateinischen Bußriten in ihrer geschichtlichen Entwicklung (Innsbruck 1932) 143 ff.; Feine a. a. O. 122; C. Vogel, Le pécheur et la pénitence au moyen âge. Textes choisis, traduits et présentés (Paris 1969) 39 ff.

23 Hs. Karlsruhe, Aug. CIII, foll. 1–184^{v} + St. Pauli i. Lav. XXV a/6, s. IX in. (Reichenau) (diese Hs. versehentlich von Kottje, Einheit und Vielfalt 336–338 nicht herangezogen) und St. Gallen Cod. 671, pp. 2–82, s. IX in. + pp. 83–398, s. IX 2 (über den Inhalt vgl. Scherrer a. a. O. 217 f.; zu Inhalt und Datierung Autenrieth, Domschule 81). Wenn auch auf Grund paläographischer Kriterien die Herkunft von Teil I des Sangallensis (pp. 2–82) nur als

schriebenes Exemplar der irischen Kanonessammlung, der »Collectio canonum Hibernensis«[24]. St. Gallen hatte außerdem unter Abt Grimald (841–872) einen »Liber canonum« erhalten, der möglicherweise mit der nur einige Zeit zuvor wahrscheinlich in Bayern geschriebenen und später sicher St. Gallen gehörigen Handschrift zu identifizieren ist, die als umfangreichstes Werk die »Vetus Gallica« enthält[25]. Schon gegen Ende des 9. Jahrhunderts wurde hier Ps-Isidor abgeschrieben[26] und zu Anfang des 12. Jahrhunderts auch Burchards »Dekret«[27], dessen Vorlage vielleicht das erwähnte Konstanzer Burchard-Exemplar gewesen ist[28]. Auf der Reichenau schließlich wurde um die Wende des 10. Jahrhunderts eine Abschrift der ein Jahrhundert zuvor verfaßten »Collectio Anselmo dedicata« hergestellt[29] – insgesamt also in beiden Klöstern, vor allem

»alemannisch« und von Teil II mit »vermutlich St. Gallen« bestimmt werden kann, so spricht doch für St. Gallen als frühe Heimat von Teil I und als Ursprungsort von Teil II, daß im ältesten Gesamtkatalog St. Gallens (s. IX med.) ein Band mit »Concilia principalia XII et decretales et epistolae pontificum Romanorum«, d. h. wohl der Dionysio-Hadriana verzeichnet ist (vgl. Mittelalterliche Bibliothekskataloge Deutschlands und der Schweiz [zit. MBK], Bd. 1: Die Bistümer Konstanz und Chur, bearb. v. P. LEHMANN, München 1918, Nachdr. 1969, 79 Z 8/9).

24 Hs. Karlsruhe, Aug. XVIII, s. IX (vor 822-Reichenau), foll. 75–90 (nur Coll. can. Hib. XVII 16–XLII 13e) und St. Gallen Cod. 243, s. IX $\frac{1\,(-2)}{4}$ (die Datierung und Provenienzbestimmung dieser wie aller im folgenden zu nennenden Handschriften, für die kein anderer Beleg geboten wird, verdanke ich freundlichen brieflichen Mitteilungen Bernhard Bischoffs, dem ich für seine seit vielen Jahren gewährten selbstlosen Auskünfte auch an dieser Stelle sehr herzlich danken möchte).

25 Vgl. das »Verzeichnis der unter Abt Grimald (841–872) namentlich durch Hartmut erworbenen Bücher«: MBK I 84 Z 24; bei der Handschrift, deren Identifizierung mit dem unter Abt Grimald erworbenen »Liber canonum« in Betracht kommen dürfte, handelt es sich um St. Gallen Cod. 675, s. IX $\frac{1\text{-}2}{4}$ wohl nicht in St. Gallen selbst, sondern in Bayern geschrieben.

26 St. Gallen Cod. 670, vgl. WILLIAMS, Codices Pseudo-Isidoriani 56 f.; nach H. JOHN, DA 28 (1972) 585 sind die Ps-Isidor-Texte dieser Hs. und der Stuttgarter Hs. HB VI 105 (vgl. o. Anm. 12) »aus einer gemeinsamen Vorlage abgeschrieben«.

27 St. Gallen Cod. 674.

28 Über die Verwandtschaft der St. Galler mit der Konstanzer Burchard-Handschrift (Freiburg Ms. 7) vgl. G. FRANSEN, La tradition manuscrite du Décret de Burchard de Worms: Ius Sacrum. Kl. Mörsdorf z. 60. Geburtstag (München-Paderborn-Wien 1969) 116 f.

29 Hs. Karlsruhe, Aug. CXLII, s. X/XI, foll. 1–77 u. 98–121: Coll. Anselmo dedic. V–X; über die Sammlung vgl. FOURNIER-Le BRAS I 234 f., GARCIA Y GARCIA 1, 304 und FEINE a. a. O. 157, speziell J. CL. BESSE, Histoire du droit de l'Eglise au moyen-âge de Denis à Gratien. Collectio Anselmo dedicata, Étude et texte (extraits) (Paris 1960).

St. Gallen, ein Bestand an kirchlichen Rechtssammlungen, der für die klösterlichen Bedürfnisse mehr als ausreichend gewesen sein dürfte, der aber aufs Ganze gesehen den der Konstanzer Bibliothek weder an Umfang noch an Bedeutung übertraf. Besondere Beachtung mag lediglich verdienen, daß von der irischen Kanonessammlung, von der heute insgesamt nur 15 Handschriften bekannt sind[30], in St. Gallen und auf der Reichenau je ein Exemplar geschrieben worden ist.

Erheblich zahlreicher und vielfältiger als in Konstanz aber war der Bestand an *Bußbüchern,* die man in den beiden Klöstern beschaffte und bewahrte.

Allein an Bußbüchern aus der Reichenau sind noch erhalten: 1. ein zu Anfang des 9. Jahrhunderts vielleicht hier geschriebener Excarpsus Cummeani[31], 2. die Beda und Egbert zugeschriebenen Paenitentialien in einer ebenfalls vielleicht aus der Reichenau selbst stammenden Abschrift der 1. Hälfte des 9. Jahrhunderts[32] und zwar mit einer Verzahnung der beiden Bücher[33], die wohl eine Vorstufe zu dem seit dem Ende des 9. Jahrhunderts begegnenden sog. Beda-Egbert'schen Doppelpaenitentiale[34] darstellt. Schließlich kann hier auch die älteste bekannte Überlieferung des von Hrabanus Maurus etwa 852 für Bischof Heribald von Auxerre zusammengestellten Bußbuches, des »Paenitentiale ad Heribaldum«, angeführt werden; ihr Schriftcharakter spricht nämlich für ein alemannisches Skriptorium als Entstehungsort, der vom palaeographischen Befund her nach Ansicht von B. Bischoff möglicherweise

30 H. Wasserschleben führte als Grundlage seiner bis heute einzigen Edition der Sammlung 10 Handschriften an und wies außerdem auf 2 Handschriften hin, von denen er »ganz kürzlich« Kenntnis erhalten hatte (Die irische Kanonensammlung, Leipzig ²1885, Neudruck Aalen 1966, pp. XXX–XXXIV); aus der Liste der inzwischen festgestellten 15 Handschriften, für die ich dem mit einer Neuedition befaßten Dr. Maurice P. Sheehy zu danken habe, ergibt sich allerdings, daß 2 der von Wasserschleben genannten Handschriften, die dieser nicht durch Autopsie kannte, nämlich die von Chartres und Tours, aus der Reihe der Hibernensis-Handschriften auszuscheiden sind.

31 Hs. Karlsruhe, Aug. IC, foll. 1–13^v, s. IX in. (CLA VIII Nr. 1078).

32 Hs. Karlsruhe, Aug. CCLV, S. IX^1, foll. 95^v–106^r (»wohl Bodensee«: Bischoff).

33 Reihenfolge: 1) Beda-Prolog, 2) Egbert-Prolog, 3) Capitula Bedae, 4) Capitula Egberti.

34 Älteste erhaltene Überlieferung im Clm 3851, s. IX ex., foll. 37^v–52^v, weitere 5 Handschriften nennt Schmitz, Bußbücher II 678 f.; sie bilden die Grundlage seiner Edition S. 679–701. Die inzwischen festgestellte handschriftliche Bezeugung der unter den Namen Bedas und Egberts überlieferten Bußbücher führt zu aufschlußreichen, Schmitz a.a.O. 275 ff. korrigierenden Einsichten in die frühmittelalterliche Bußbüchertradition, über die baldmöglichst an anderer Stelle gehandelt werden wird.

die Reichenau war [35]. Außerdem standen in dem verlorenen Teil der Reichenauer Handschrift mit der irischen Kanonessammlung [36] auch »diversi libri paenitentiarum«, wie aus der Inhaltsangabe in dem Verzeichnis der unter Reginbert 835–842 geschriebenen oder erworbenen Bücher zu entnehmen ist [37]. In demselben Verzeichnis ist ein weiterer Band mit verschiedenen, von mehreren Verfassern (hier »Lehrer« – doctores – genannt) stammenden Bußbüchern aufgeführt [38], der ebenfalls verloren scheint. Ebenso muß mit dem Verlust der beiden Bußbücher gerechnet werden, die unter den in der Zeit Abt Erlebalds (822–838) geschriebenen Werken genannt sind [39]. Hinzugefügt werden kann dieser Reihe vielleicht noch eine Handschrift des 9. Jahrhunderts mit dem sog. »Quadripartitus«, einem bislang noch ungenügend untersuchten, damals wie heute wenig bekannten fränkischen Bußbuch. Nach Autenrieth deuten Buchschmuck und Initialen der Handschrift »auf Entstehung im Bodenseegebiet« und lassen hier an die Reichenau denken; als zur Konstanzer Dombibliothek gehörig ist sie durch den Katalog von 1343 bezeugt [40].

Noch umfangreicher als auf der Reichenau war allerdings der noch erfaßbare Bußbücherbestand in St. Gallen. Unter den »Libri scottice scripti« im St. Galler Katalog aus der Mitte des 9. Jahrhunderts sind zwar keine Bußbücher genannt [41]. Es fällt aber auf, daß im St. Galler Codex 150 aus dem 2. Viertel des 9. Jahrhunderts mit dem Paenitentiale Vinniani und der Praefatio des Paenitentiale Cummeani – d. h. des echten irischen Cummean im Unterschied zum fränkischen Excarpsus

35 Zürich, Zentralbibl. Car. C 123 (II = foll. 123r–159v), s. IX med. - 3/4; vgl. auch L. C. Mohlberg, Katalog der Handschriften der Zentralbibliothek Zürich I. Mittelalterliche Handschriften (Zürich 1932–1952) S. 16 Nr. 288; A. Bruckner, Scriptoria medii aevi Helvetica IV 17 u. 81 f.

36 Hs. Karlsruhe, Aug. XVIII, s. IX in. (vgl. Anm. 24), nach fol. 66v, vgl. A. Holder, Die Reichenauer Handschriften I. Die Pergamenthandschriften = Die Handschriften der Großherzogl. Badischen Hof- und Landesbibliothek in Karlsruhe, Bd. V (Leipzig 1906, Nachdr. Wiesbaden 1970) S. 67.

37 Vgl. MBK I 258 Z 20; der ganze Band wird als »praegrandis« bezeichnet (Z 12), erhalten sind nur 90 foll.

38 »In XXII. libello habentur diversi paenitentiarum libri a diversis doctoribus editi« (MBK I 260 Z 25/26).

39 MBK I 254 Z 8: »... paenitentialis ...«, Z 12: »paenitentiale I de canone scarpsatum«.

40 Hs. Stuttgart, HB VII 62, s. IX, foll. 1v–175r, vgl. Autenrieth, Handschriften 219 f. und o. S. 13 mit bibliographischen Hinweisen zum »Quadripartitus«. Es ist symptomatisch für dessen Wertung – oder Kenntnis? – in der bisherigen Literatur, daß er von Garcia y Garcia, Historia 1, 296 nur beiläufig, von Feine a. a. O. überhaupt nicht erwähnt wird.

41 MBK I 71.

Cummeani [42] – zwei Repräsentanten der alten irischen Bußbücher begegnen [43], somit Zeugen aus *dem* Raum, in dem die Heimat der Bußbücher liegt, wie es ja auch noch lange vornehmlich Iren oder irisch beeinflußte kontinentale Kräfte waren, durch die im Zusammenhang mit ihren Seelsorgsmethoden die Bußbücher auf dem Kontinent verbreitet worden sind [44]. Sollte auf sie auch die Ansammlung dieser Bücher in St. Gallen zurückzuführen sein? Wir finden in demselben St. Galler Codex 150 [45] außer den beiden irischen Bußbuch-Texten noch drei gewiß fränkische – in dem etwas älteren Teil (s. IX in. oder VIII/IX) das von Wasserschleben »Paenitentiale XXXV capitulorum« genannte Buch [46], in dem jüngeren, mit den irischen Texten gleichaltrigen Teil die erst von der Forschung des vergangenen Jahrhunderts »Paenitentiale Sangallense« [47] und »Paenitentiale Sangallense tripartitum« [48] genannten Werke; ferner enthält die Handschrift einen Teil der Canones Theodori [49]. Möglicherweise kam St. Gallen schon bald in den Besitz von zwei weiteren Exemplaren des Excarpsus Cummeani, die etwa um diese Zeit an anderen Orten – das eine wohl in der Schweiz [50], das andere »wahrscheinlich in Bayern« [51] – geschrieben wurden, aber als späterer Besitz

42 Über den Unterschied zwischen diesen beiden Bußbüchern, der bis zur Entdeckung und Edition des irischen Cummean durch J. ZETTINGER: AkKR 82 (1902) 501–540 unbekannt war, vgl. BIELER, Irish Penitentials 1 u. 7; VOGEL, Le pécheur 43 u. 45. Eine umfassende Untersuchung über Überlieferung, Quellen und Komposition des Exc. Cummeani wird demnächst mein Schüler F. B. ASBACH vorlegen (phil. Diss. Regensburg).

43 pp. 365–377 u. 285–7, ed. BIELER a.a.O. 74 ff. u. 108 ff.

44 Vgl. die Übersicht bei BIELER 12–16 über die von ihm herangezogenen Handschriften; weniger zuverlässig J. T. MCNEILL-H. M. GAMER, Medieval Handbooks of Penance = Records of Civilization XXIX (Columbia 1938) 55–68 u. 432–50; über die Wirkung der irischen Bußdisziplin auf dem Kontinent L. BIELER, Irland – Wegbereiter des Mittelalters (Lausanne u. Freiburg i. Br. 1961) 111.

45 Über den Inhalt dieser Handschrift SCHMITZ, Bußbücher II 175–7; M. ANDRIEU, Les Ordines Romani du haut moyen âge II (Louvain 1948) 295–305.

46 pp. 287–318, vgl. F. W. H. WASSERSCHLEBEN, Die Bußordnungen der abendländischen Kirche (Halle 1851, Nachdr. Graz 1958) 69 f.; SCHMITZ a.a.O. 204 ff. wählte in enger Anlehnung an die älteste Überlieferung die Bezeichnung »Poenitentiale Capitula Iudiciorum«; der Text bei WASSERSCHLEBEN 505–526, bei SCHMITZ 217–251.

47 pp. 360–365, ed. WASSERSCHLEBEN a.a.O. 425–429, SCHMITZ a.a.O. 346 f.

48 pp. 323–350, ed. SCHMITZ a.a.O. 177–189.

49 pp. 355–360: Canones Theodori, Disc. Umbr. II, XII 11–XIV 14 und I, XIII 1–4, vgl. SCHMITZ a. a. O. 176; die Texte bei FINSTERWALDER (s. o. Anm. 7) 327–333 u. 306.

50 St. Gallen Cod. 550, s. IX ca. med., pp. 162–234.

51 St. Gallen Cod 675, s. IX $\frac{1\text{-}2}{4}$, pp. 224–267; zur Hs. vgl. o. Anm. 25.

der Bibliothek von St. Gallen nachzuweisen sind [52] (und noch heute zu ihr gehören). Noch vor der Mitte des 9. Jahrhunderts hat man einen Codex mit u. a. den Beda und Egbert zugeschriebenen Bußbüchern erworben, der wenig vorher wohl außerhalb von St. Gallen hergestellt worden war [53]. Ein Jahrhundert später hat man von diesen Texten erneut eine Abschrift gefertigt oder beschafft [54]. Ein weiterer, in dem Mitte des 9. Jahrhunderts angelegten Katalog verzeichneter »liber penitentialis« ist nicht mit einem erhaltenen Bußbuch zu identifizieren [55] und muß vielleicht als verloren betrachtet werden.

Eine wertvolle Bereicherung des Bußbücherbestandes erhielt St. Gallen, als nach dem Tode Abt Grimalds 872 dessen Privatbibliothek in die Klosterbibliothek eingefügt wurde. Zu Grimalds Bibliothek gehörten nämlich zwei Handschriften, deren Hauptinhalt das Bußbuch Bischof Halitgars in der Fassung mit 6 Büchern bildet [56], allerdings vom 6. Buch nur der liturgische Teil – die liturgische Ordnung für Vollzug der Beichte, Bußerteilung und Lossprechung – und ohne Kennzeichnung als 6. Buch; es fehlen also die Instruktion »Quotiescumque« und das »Iudicium paenitentiae« [57]. In beiden Handschriften folgt ein gleichlautender Anhang von vier Texten, die das Thema »De reparatione lapsi« behandeln, d. h. die Frage, ob ein in schwere Schuld gefallener Geistlicher wieder in sein früheres Amt eingesetzt werden darf. Die ältere der beiden, St. Gallen Cod. 277, ist in Weißenburg wahrscheinlich nur kurze Zeit vor der Absetzung Grimalds als Abt jenes Klosters (ca. 838/9) [58] geschrieben worden [59]; die jüngere, Teil III des Sangallen-

52 Cod. 550 eindeutig im Katalog von 1461 (vgl. MBK I 110 Z 36 mit der Inhaltsangabe bei SCHERRER, Verzeichnis 169 f.), vielleicht auch Cod. 675 (MBK I 117 Z 17?, vgl. SCHERRER a.a.O. 219).

53 St. Gallen Cod. 682, s. IX$\frac{2}{4}$, »deutsch« (BISCHOFF), pp. 334–393; bereits im St. Galler Katalog aus der Mitte des 9. Jahrhunderts, vgl. MBK I 79 Z 15–18.

54 St. Gallen Cod. 677, s. X, pp. 32–45; palaeographisch als Entstehungsort »möglich St. Gallen« (BISCHOFF).

55 »Item liber ymnorum et penitentialis in volumine uno parvo« (MBK I 79 Z 19).

56 St. Gallen Codd. 277 u. 570, vgl. MBK I 89 Z 14 f. u. 17 f.; über den Inhalt SCHERRER, Verzeichnis 105 f. u. 183 f.

57 Vgl. den allerdings sehr ergänzungs- und verbesserungsbedürftigen Druck bei SCHMITZ, Bußbücher II 290–300.

58 Vgl. A. GERLICH, Die Reichspolitik des Erzbischofs Otgar von Mainz: RhVjbll. 19 (1954) 303 Anm. 108 u. 109; J. FLECKENSTEIN, Die Hofkapelle der deutschen Könige I = Schriften der MGH 16/I (Stuttgart 1959) 175 f.

59 Die Datierung ergibt sich aus dem palaeographischen Befund (s. IX 2/4 – Weißenburg) in Verbindung mit der Tatsache, daß die Handschrift aus dem Privatbesitz Grimalds in die Bibliothek von St. Gallen gelangte

sis 570, ist Mitte des 9. Jahrhunderts als fast wortgetreue Abschrift des Cod. 277 [60] erst entstanden, als die Vorlage vermutlich bereits im Besitz Grimalds war [61]. Da die Abschrift im Cod. 570 die Hand eines wohl französischen Schreibers erkennen läßt, wird man entweder als Heimat dieser Handschrift das Skriptorium eines lotharingischen oder westfränkischen Klosters oder einen Schreiber westlicher Herkunft in St. Gallen annehmen müssen, wo Grimald seit 841 Abt war [62]. Der Spielraum, an die Möglichkeit einer St. Galler Provenienz des Cod. 570 zu denken, ist mithin sehr gering. Man wird vielmehr gut daran tun, beide Codices nicht als unmittelbares Zeugnis für ein St. Galler Interesse an Halitgars Bußbuch oder an den anschließenden, Mitte des 9. Jahrhunderts durch den Fall Erzbischof Ebos von Reims [63] sehr aktuellen Texten in Anspruch zu nehmen. Dasselbe wird für das Halitgar-Excerpt (I 1–8) im Codex 184 gelten, der ebenfalls aus dem Grimald-Kreis überliefert und etwa so alt wie Cod. 570 ist [64]. Mit gutem Grund dürfen sie hingegen wohl als Ausdruck des Interesses Grimalds an Halitgars Werk wie an dem Textanhang gewertet werden; Grimalds Interesse wäre auch gut verständlich, da er durch seine führende Stellung im ostfränkischen Reich wie durch seine Freundschaft mit Hrabanus Maurus – bis 842 Abt von Fulda [65] – wahrscheinlich veranlaßt gewe-

(MBK I 89 Z 17/18, vgl. SCHERRER, Verzeichnis 106); es ist aber unwahrscheinlich, daß Grimald nach seiner Absetzung als Abt von Weißenburg noch eine Handschrift von dort zu privatem Eigen erhalten bzw. erworben hat, wenn ihm auch nach 841 zu einem uns unbekannten Zeitpunkt nochmals – jetzt zusätzlich zu seinen Ämtern als Abt von St. Gallen (seit 841) und am Hofe Ludwigs d. D. – nominell die Leitung der Abtei Weißenburg übertragen worden ist (vgl. FLECKENSTEIN a.a.O. 170–176).

60 Cod. 277 pp. 4–244 = Cod. 570 (III) pp. 25–193.

61 Vgl. Anm. 59.

62 Vgl. FLECKENSTEIN, Hofkapelle 171.

63 Vgl. E. DÜMMLER, Geschichte des ostfränkischen Reiches, Bd. I (Leipzig ²1887, Nachdr. Darmstadt 1960) 107–111.

64 St. Gallen Cod. 184, pp. 206–209, s. IX med. – 3/4; die Handschrift, die im Hauptteil Prosper und Augustinus enthält, ist im Katalog von 1461 verzeichnet (MBK I 111 Z 35).

65 Über Leben und Werk Hrabans sei vor allem hingewiesen auf E. DÜMMLER, Hrabanstudien = SB. Berlin, phil.-hist. Kl. 1898, III; P. LEHMANN, Zu Hrabans geistiger Bedeutung, in: St. Bonifatius (Fulda 1954) 473–487, Abdr.: DERS., Erforschung des Mittelalters, Bd. III (Stuttgart 1960) 198–212; über den Rücktritt Hrabans als Abt von Fulda vgl. zuletzt H.-G. MÜLLER, Hrabanus Maurus – De laudibus sanctae crucis. Studien zur Überlieferung und Geistesgeschichte mit dem Faksimile-Textabdruck aus Codex Reg. Lat. 124 der Vatikanischen Bibliothek = Beihefte zum »Mittellateinischen Jahrbuch«, hrsg. v. K. LANGOSCH, 11 (Ratingen-Kastellaun-Düsseldorf 1973) 175; die Freundschaft, die ihn mit Grimald verband, spricht aus den Widmungsversen zu seinem Martyrologium: MG Poet. lat. II 169 f.

sen ist, sich mit dem Fall Ebos zu befassen – und es war derselbe Ebo, in dessen Auftrag Halitgar das Bußbuch kompiliert hatte [66].

Einen eindeutigen Beleg für ein Interesse an Halitgars Bußbuch in St. Gallen bietet aber ein im 10. Jahrhundert geschriebener Codex. Seine Bibliotheks- und wahrscheinlich auch seine Schriftheimat ist St. Gallen; zumindest ist mir nicht bekannt, daß Indizien für eine andere Herkunft festgestellt oder auch nur vorgeschlagen worden wären [67]. Cod. 277 oder 570 kommen jedoch als Vorlage dieser Handschrift nicht in Betracht [68]. In ihr folgen auf das vollständige Werk Halitgars eine anonyme und anderweitig nicht überlieferte Kanonessammlung in 53 Kapiteln (pp. 152–217) und ein Bischofskapitulare (pp. 217–221), dessen Text aus der Karolingerzeit, und zwar wohl aus dem Süden des ostfränkischen Reichs stammt [69]. Der Halitgar-Text ist mit streckenweise zahlreichen gleichzeitigen Interlinearglossen versehen. Sie lassen wohl darauf schließen, daß die Handschrift praktischen Bedürfnissen gedient hat. Auch die Verbindung des Bußbuchs mit den beiden Rechtstexten dürfte unterstreichen, daß die Handschrift für die Praxis bestimmt war.

Ebenfalls in den Bereich der Praxis, und zwar in die Zeit Bernolds, führt schließlich die Überlieferung einer Hrabanus-Halitgar-Verbindung, die sowohl mit St. Gallen wie mit Konstanz, St. Blasien und/oder Schaffhausen verknüpft ist und einige Jahrzehnte später noch einen Niederschlag im Augsburger Raum, zumindest in der Augsburger Diözese, gefunden hat. Es handelt sich um eine Gruppe von 4 Handschriften mit Hrabans »Paenitentiale ad Heribaldum« und Halitgars »liber sextus«, dem »Paenitentiale Ps-Romanum«, sowie einer Anzahl von Bußbestimmungen, darunter Auszügen aus Burchards »Dekret« [70]. Darüberhinaus

66 Vgl. die epistola Ebonis, die zusammen mit dem Antwort- und Widmungsbrief Halitgars dem Paenitentiale vorangestellt ist (MG Epp. V 617; PL 105, 653 A).

67 St. Gallen Cod. 679. In einem Anhang (pp. 223–228) steht an erster Stelle der »Ymnus sancti Othmari« des Notker Physicus (gest. 975). Wenn der Hauptteil der Handschrift nicht in St. Gallen geschrieben sein sollte, dürfte sie mithin zur Zeit der allenfalls wenig späteren Niederschrift dieses Nachtrags hier gewesen sein.

68 Die beiden Codices 277 u. 570 scheiden als Vorlage des Cod. 679 vor allem wegen der beträchtlichen Unterschiede in der Fassung von Halitgars Bußbuch, besonders des liber sextus aus.

69 Hrsg. v. P. Finsterwalder, Zwei Bischofskapitularien der Karolingerzeit: ZRG Kan. 14 (1925) 375–383, ebda. 370 ff. über die Herkunft; vgl. auch C. de Clercq, La législation religieuse franque II (Anvers 1958) 150 f.

70 1. St. Gallen Cod. 676, 1080–1100 unter Mitwirkung Bernolds wahrscheinlich in St. Blasien oder Schaffhausen geschrieben, vgl. J. Autenrieth, Der bisher unbekannte Schluß des Briefes Gregors VII. an Mathilde von Tuszien vom 16. Februar 1074 (Reg. I 47): DA 13 (1957) 536 f. u. Dies., Bernold von Kon-

enthalten diese Sammelhandschriften noch weitere kanonistische und liturgische Texte. Die inhaltliche Übereinstimmung aller 4 Handschriften beschränkt sich allerdings auf die angeführten Teile, unterschiedlich ist deren Reihenfolge[71]. Das Miteinander von Hrabans »Paenitentiale ad

stanz und die erweiterte 74-Titel-Sammlung: DA 14 (1958) 385; über den Inhalt vgl. SCHERRER, Verzeichnis 220 f. (ungenau).
2. Stuttgart HB VI 107, s. XI ex., südwestdeutsch, wegen enger Beziehung zu Bernold »an Entstehung in Konstanz, St. Blasien oder Schaffhausen zu denken« (AUTENRIETH, Handschriften 101), vgl. oben Anm. 18.
3. München, Clm 3909, geschrieben wohl 1138–43 in Augsburg (zumindest Bistum A.). Die Datierung läßt sich erschließen aus den Listen der Päpste (foll. 240r–248v), der fränkischen Könige und Kaiser (fol. 249r) und der Augsburger Bischöfe (fol. 249r-v: ed. MG SS. XIII 334 f.), die zunächst nur bis Papst Innozenz II. (1130–43), König Konrad III. (1138–52) und Bischof Walther I. (1133–52) reichten, und zwar ohne Angabe der Regierungsjahre der Letztgenannten; sie dürften also zu deren Lebzeiten, d. h. während ihrer gemeinsamen Amtszeit (1138–1143) niedergeschrieben worden sein. Die Augsburger Provenienz ergibt sich aus der Bischofsliste und aus den Namen der Augsburger Heiligen Ulrich und Afra, in etwa auch Magnus und Gallus in der Litanei (foll. 228v–229r); spätestens Ende des 13. Jahrhunderts gehörte sie der Augsburger Dombibliothek (Domkapitel), denn von einer mit den Nachträgen »Sifridus« (Siegfried IV. 1286–88) und »Wolfhardus« (1288–1302) gleichzeitigen – oder identischen? – Hand wurde zu Bruno (1006–29) hinzugefügt »qui legavit huic ecclesie civitatem Strubing cum ecclesia et attinenciis« (über die Schenkung des Straubinger Besitzes an das Augsburger Domkapitel 1029 vgl. F. ZOEPFL, Das Bistum Augusburg und seine Bischöfe im Mittelalter, München und Augsburg 1955, 88 u. Regesten der Bischöfe und des Domkapitels von Augsburg, unter Mitwirkung von F. ZOEPFL bearb. von W. VOLKERT, Bd. I 2. Lieferung, 973–1063, Augsburg 1964, Nrr. 261 u. 263; zu den Amtszeiten der Augsburger Bischöfe vgl. die Übersicht bei ZOEPFL 591. Über den Inhalt der Handschrift C. HALM, Catalogus codicum latinorum Bibliothecae Regiae Monacensis I 2, München 1871, 152 f.).
4. Kynžvart (Königswart b. Marienbad) 20 K 20, s. XII[1], aus Ochsenhausen, vgl. FR. CÁDA, Rukopisy Knihovny Státniho Zámku v Kynžvarte (Prag 1965) 118 f. (wo die Handschrift mit s. XII[2] zu spät datiert sein dürfte). Auf St. Blasien oder das sanblasianische Priorat Ochsenhausen als nicht nur Bibliotheks-, sondern auch Schriftheimat weist die zusammenhanglose Übernahme des sachlich relevanten Teils einer an Abt Uto von St. Blasien (1086–1108) gerichteten, bislang unbekannten Dekretale Papst Urbans II. fol. 64r; über die älteren Papsturkunden für St. Blasien vgl. Regesta Pontificum Romanorum II: Germania pontificia II 1, bearb. v. A. BRACKMANN (Berlin 1923) 165 ff.; über Ochsenhausen als Priorat von St. Blasien zuletzt H. JAKOBS, Der Adel in der Klosterreform von St. Blasien = Kölner Historische Abhandlungen 16 (Köln-Graz 1968) 11 f. u. ö.

71 Teilweise stimmen sie auch in der Reihenfolge der Texte überein, so der Sangallensis pp. 1–40, Stuttgart foll. 173r–198v und Clm 3909 foll. 55r–86r, in denen sich auf diesen Blättern an Hrabans Paenitentiale und Halitgars l. VI. – in dieser Ordnung – ein Appendix mit Buß- und Redemp-

Heribaldum«, also seinem jüngeren Bußbuch, und Halitgars »liber sextus« weist aber nicht nur auf einen überlieferungsgeschichtlichen Zusammenhang zwischen diesen Handschriften, es hebt die Gruppe auch von der gesamten übrigen Hraban- und Halitgar-Überlieferung – mit nur einer Ausnahme [72] – ab. Die Verbindung zwischen den vier Handschriften wird außerdem unterstrichen durch ihnen gemeinsame Sonderrezensionen des Hraban- und Halitgar-Textes [73].

Obwohl die beiden ältesten Handschriften dieser Gruppe (Stuttgart VI 107 und St. Gallen 676) inhaltlich besonders weitgehend übereinstimmen, und obwohl beide obendrein in enger räumlicher und zeitlicher Nachbarschaft entstanden sind und beide unter Mitwirkung bzw. im Wirkbereich Bernolds (in Konstanz, St. Blasien oder Schaffhausen), ist es trotzdem höchst unwahrscheinlich, daß die eine unter Benutzung der anderen geschrieben worden ist. So hat die Stuttgarter Handschrift einige Zusätze im Hrabanus-Paenitentiale, die im Sangallensis fehlen [74]. Besonders aufschlußreich ist ein Zusatz in c. 33. Ihm geht voran und folgt in der Handschrift je ein Verweisungszeichen [75], das darauf schließen läßt, daß der betreffende Satz in der Vorlage eine Randbemerkung war, die der Schreiber unserer Handschrift – vielleicht aus Unverständnis? – in den Text einfügte. Weder diese noch andere Randbemerkungen finden sich aber im Sangallensis.

Ebenso stehen diese »Randbemerkungen« nicht im Text der einige Jahrzehnte jüngeren Handschrift dieser Gruppe, die aus Ochsenhausen überliefert ist, vielleicht aber aus St. Blasien stammt [76]. Sie zeigt jedoch

tionsbestimmungen anschließt, während in der Ochsenhausener Handschrift diese Texte anders geordnet sind; die übrigen allen vier Handschriften gemeinsamen Texte finden sich je an verschiedenen Stellen der Handschrift.

72 Vgl. unten S. 39 f.

73 Dazu gehören die Formulierung des Anfangs (»Incipit liber penitentialis ex canonicis institutionibus a Rabano venerabili archiepiscopo compendiose defloratus«), das Ende von Hrabans Paenitentiale in c. 34 – im Ochsenhausener Codex c. 33 – (»intimare non graveris«), im selben Buch c. 19 die Einfügung einer bisher nicht identifizierten Bestimmung eines Konzils von Orléans (im Ochsenhausener Codex am Rand nachgetragen, allerdings von der Schreiberhand) (vgl. den Abdruck des Werkes nach der Stuttgarter Handschrift bei MIGNE, PL 110, hier p. 485 B und 494 C); hinzu kommen Änderungen in Formulierungen und vor allem der Komposition von Halitgars »liber sextus«; auffällig ist auch, daß – außer in der Ochsenhausener Handschrift – in c. 33 des Paenitentiale Hrabans die Worte »eucharistia« und »sacramentum« mit griechischen Buchstaben geschrieben sind.

74 In c. 10 (fol. 180^{r}) u. 15 (182^{v}), vgl. MIGNE, PL 110, 480 A–C u. 484 A, hingegen St. Gallen 676 pp. 14 u. 18.

75 Fol. 188^{v} vor und nach dem Satz »Ista sententia ... mitti«, vgl. MIGNE, PL 110, 492 C; ohne diesen Satz St. Gallen 676 p. 25.

76 Vgl. o. Anm. 70 Nr. 4.

auch gegenüber dem St. Galler Codex so auffallende Abweichungen, vor allem in der Reihenfolge der Texte [77], daß sie nicht als dessen Abschrift gelten kann. Im Unterschied zu ihnen hat die Zusätze die vierte und jüngste Handschrift (aus Augsburg). Mit der Stuttgarter Handschrift hat sie außerdem eine Rubrik vor den Exzerpten aus Burchard gemeinsam, für die es im Sangallensis und in der Ochsenhausener Handschrift keine Entsprechung gibt [78]. Dennoch ist es wegen einiger Unterschiede [79] schwer vorstellbar, daß dem Schreiber des etwa 50 Jahre jüngeren Monacensis die Stuttgarter Handschrift als unmittelbare Vorlage gedient hat.

Wie das Verhältnis der vier Handschriften zueinander im einzelnen zu erklären ist, muß wenigstens zunächst noch dahingestellt bleiben. Die angegebenen Feststellungen lassen aber wohl den Schluß zu, daß die diesen Handschriften gemeinsamen Texte, besonders Hrabans »Paenitentiale ad Heribaldum« und das »Ps.-Romanum«, auf eine den 4 Handschriften gemeinsame Vorlage für diese Texte zurückgehen. Da die beiden ältesten dieser Handschriften aus dem Bodenseeraum stammen, liegt es nahe, zunächst daran zu denken, daß sich eine Vorlage in diesem Raum finden läßt.

Diese Hoffnung wird nicht völlig enttäuscht. Die älteste uns bekannte Überlieferung von Hrabans Bußbuch ist im zweiten, ursprünglich vielleicht selbständigen Teil einer heute in Zürich aufbewahrten Handschrift erhalten [80]. Dieser Teil ist etwa zu Beginn der zweiten Hälfte des 9. Jahrhunderts geschrieben worden, also nicht lange nach der Abfassung dieses Hrabanschen Werkes. Der Schriftcharakter spricht für ein alemannisches Skriptorium als Entstehungsort, der möglicherweise die Reichenau war; jedenfalls ist er nicht fern vom Bodensee zu suchen. Auf die Blätter aber, die dem Paenitentiale Hrabans folgen und nach der Niederschrift dieses Werkes zuerst leer geblieben waren, ist im 10. Jahrhun-

77 Vor allem fällt auf, daß die Handschrift mit Halitgars »liber sextus« beginnt und erst nach zahlreichen Bußbestimmungen (diese weitgehend übereinstimmend mit dem og. Appendix zu Halitgar und dessen »Iudicium paenitentis« im l. VI.) Hrabans Paenitentiale enthält (foll. 21^r–47^v).

78 »Incipiunt statuta canonum de officio sacerdotum«: Stuttgart, HB VI 107, fol. 164^r, Clm 3909, fol. 42^v, nur ist im Clm in der anschließenden Quellenangabe das B. als »Bede« aufgelöst (»Ex libro II. Bede episcopi«!).

79 So im c. 9 des Mainzer Konzils von 852 zwischen Exzerpten aus Burchard (Stuttgart fol. 171^v, Clm fol. 53^r, diese übereinstimmend mit St. Gallen 676 p. 43) und im Appendix zu Halitgar l. VI., wo ein Mainzer Konzilskanon der Stuttgarter Handschrift fehlt (Stuttgart fol. 197^v, Clm 3909 fol. 84^r und ebenso St. Gallen 676 p. 38).

80 Zürich, Car. C 123, foll. 123 sqq., vgl. o. Anm. 35.

dert das 6. Buch Halitgars, das »Ps.-Romanum«, geschrieben worden [81]. Dessen Fassung weist zwar gegenüber der Komposition und Rezension in den 4 Handschriften solche Unterschiede auf [82], daß es nicht möglich ist, in der Zürcher Handschrift die unmittelbare Vorlage für die Hrabanus-Halitgar-Überlieferung in den 4 Handschriften zu sehen. Wohl ist die Zürcher Handschrift ein Zeugnis dafür, daß die hier erörterte Hraban-Halitgar-Kombination eine wenigstens bis ins 10. Jahrhundert zurückreichende Tradition gehabt hat, im alemannischen Raum beheimatet war und außerhalb dieses Raumes – im weitesten Sinne, also unter Einschluß wenigstens des südschwäbischen Raumes und Augsburgs – offenbar nie Verbreitung gefunden hat.

Auf die Probleme dieser Überlieferungsgruppe ist hier etwas näher eingegangen worden, weil sie wohl in einer besonderen Weise etwas vom geistigen Zusammenhang und Austausch im Bodenseeraum veranschaulichen und weil die Feststellungen über die Bearbeitung der Texte wie über die verschiedenen Kompilationen und deren Geschichte deutlich machen, wie wenig es sich auch bei kirchenrechtlichen Texten um tote Werke handelt.

Die Reihe der überlieferten kanonistischen Texte aus dem Bodenseeraum ist damit keineswegs erschöpft. Vor allem wäre noch auf die sog. Freisinger Canonessammlung vom Ende des 8. Jahrhunderts hinzuweisen, die aus dem Bodenseeraum stammt und ein wertvolles Zeugnis für die Bemühungen um kirchliche Rechtstexte in diesem Raum darstellt [83]. Die Reihe der Textzeugen, soweit heute noch möglich, vollständig zu nennen, würde aber am Gesamtbild nichts ändern, zumindest nicht an

81 foll. 159ᵛ–169ᵛ.

82 Anders als die 4 Handschriften enthält die Zürcher die Ordines und das »Iudicium paenitentis« in der Ordnung Halitgars, es fehlt in ihr zu Beginn des l. VI. die Angabe über die angebliche Herkunft »ex scrinio romanae ecclesiae« und mit Ende der Handschrift bricht der Text unvollständig in c. 83 des »Iudicium paenitentis« ab (Expl.: »... aut redemptionem«: SCHMITZ, Bußbücher II 299). Auch der Hrabanus-Text der Zürcher Handschrift zeigt einige beachtenswerte Unterschiede gegenüber den 4 Handschriften (sie hat z. B. den vollständigen Schluß des Paenitentiale).

83 Clm 6243 foll. 1–199; 217–232. Über Datierung und Provenienz vgl. B. BISCHOFF, Die südostdeutschen Schreibschulen und Bibliotheken in der Karolingerzeit I (Wiesbaden ³1974) 86 ff.; DERS., Panorama der Handschriftenüberlieferung aus der Zeit Karls des Großen: Karl der Große. Lebenswerk und Nachleben II (Düsseldorf ²1968) 244 Anm. 80 u. DERS., Frühkarolingische Handschriften (s. o. Anm. 9) 310; über den Inhalt H. WURM, Studien und Texte zur Dekretalensammlung des Dionysius Exiguus = Kanonistische Studien und Texte 16 (Bonn 1939. Nachdr. Amsterdam 1964) 82 u. 236–40.

den Grundlinien dieses Bildes. Als solche dürften sich auf Grund der bisherigen Untersuchung der Überlieferung herausgeschält haben:
1. eine bemerkenswerte Regsamkeit und Vielfalt der kirchenrechtlichen Interessen und Bedürfnisse,
2. ein offensichtlicher Einfluß kirchenpolitischer Spannungen – man denke an Grimald und Bernold,
3. ein auffallender Unterschied zwischen der Konstanzer Domkirche und den alten Klöstern, der sich im unterschiedlichen Interesse an Bußbüchern besonders deutlich zeigt [84], wobei allerdings ein weiterer Unterschied zwischen der Reichenau und dem in seinen Anfängen irisch beeinflußten St. Gallen zutage trat.
Gewiß sind auch die Handschriften-Verluste der einzelnen Bibliotheken unterschiedlich. Der Vergleich der alten Bibliothekskataloge, unter denen für unsere Frage nicht nur den St. Galler und Reichenauer Verzeichnissen aus dem 9. Jahrhundert, sondern ebenso dem Konstanzer von 1343 und dem St. Galler von 1461 ein hoher Erkenntniswert zukommt [85] – dieser Vergleich läßt erkennen, daß unsere Feststellungen über Zahl und Art der beschafften Rechtsbücher im wesentlichen zutreffend sein dürften und uns mithin an eine ziemlich wirklichkeitsnahe Vorstellung von den kirchenrechtlichen Interessen im Bodenseeraum bis zur Mitte des 12. Jahrhunderts heranführen können.

84 Vgl. hierzu die von der Überlieferung des Bodenseeraumes her nicht zu bestätigende – aber auch nicht zu bezweifelnde – Feststellung O. Meyers (s. o. Anm. 7 – S. 166 ff.), daß Burchard-Handschriften hauptsächlich in Dom-, weniger in Klosterbibliotheken vorhanden waren.
85 Vgl. MBK I 66–89, 102–118, 193–200 u. 244–266.

Sonderbände der Reihe „Vorträge und Forschungen"

Herausgegeben vom Konstanzer Arbeitskreis für mittelalterliche Geschichte
Sämtliche Bände 13,5 x 21,3 cm. Broschur

Sbd 1 Das Kaisertum Ottos des Großen

Helmut Beumann: Das Kaisertum Ottos des Großen. Ein Rückblick nach tausend Jahren · Exkurs (1963): Kaisersigna unter Papsturkunden im 10. Jahrhundert · Heinrich Büttner: Der Weg Ottos des Großen zum Kaisertum. 2. Auflage 1975. 80 Seiten. ISBN 3-7995-6661-9

Sbd 2 Heinrichs I. Südwest- und Westpolitik

Von Heinrich Büttner. Die Anfänge 919–922 · Die Entwicklung in Lothringen 923–926 · Schwaben und Hochburgund bis zum Jahre 926 · Der Westen 927–933 · Der Ausklang bis zum Vertrag von 935. 1964. 96 S. ISBN 3-7995-6662-7

Sbd 3 Lorsch und St. Gallen in der Frühzeit

Heinrich Büttner: Lorsch und St. Gallen · Johannes Duft: Die Klosterbibliotheken von Lorsch und St. Gallen als Quellen mittelalterlicher Bildungsgeschichte. 1965. 46 Seiten. ISBN 3-7995-6663-5

Sbd 4 Markturkunde und Markt in Frankreich und Burgund vom 9. bis 11. Jahrhundert

Von Traute Endemann. Die Markturkunden im 9. Jahrhundert · Der Markt in den Urkunden des 10. Jahrhunderts · Die Markturkunden im 11. Jahrhundert · Markt und Münze vom 9. bis 11. Jahrhundert · Portus · Burgus · Salvitas · Markt und Marktort · Die Erscheinungsformen des Marktes. 1964. 248 Seiten mit 1 Kartenbeilage. ISBN 3-7995-6664-3

Sbd 5 Germanische Stammeskunde zwischen den Wissenschaften

Von Ernst Schwarz. Germanische Volksbewegungen vor und um Christi Geburt · Das ostfränkische Problem, sprach- und siedlungsgeschichtlich gesehen. 1967. 92 Seiten mit 9 Karten. ISBN 3-7995-6665-1

Sbd 6 Vogtei und Herrschaft im alemannisch-burgundischen Grenzraum

Von Traute Endemann. Einleitung · Romainmôtier · Defensio, Vogtei und Garde · Entwicklung und Formen der Vogtei. 1967. 56 Seiten mit 1 Karte. ISBN 3-7995-6666-x

Sbd 7 Struktur und Geschichte

Drei Volksaufstände im mittelalterlichen Prag

Von František Graus. Zur Problematik der modernen Geschichtswissenschaft · Prag 1389 – 1419 – 1422 · Zur Deutung spätmittelalterlicher Volksbewegungen in den Städten. 1971. 96 Seiten. ISBN 3-7995-6667-8

Sbd 8 Adel, Kirche und Königtum im Westgotenreich

Von Dietrich Claude. Einleitung · Die Frühzeit · Die Zeit der Wanderungen im Römischen Reich · Das tolosanische Reich (418–507) · Die Jahrzehnte der Reichskrise (507–568) · Die Dynastie Leovigilds (568–603) · Die Rückkehr zur Wahlmonarchie (603–642) · Chindasvinth und Reccesvinth (642–672) · Die letzten Jahrzehnte des Westgotenreiches (672–711) · Zusammenfassung · Die Könige der Westgoten · Register. 1971. 216 Seiten. ISBN 3-7995-6668-6

Sbd 9 Beiträge zur Geschichte Italiens im 12. Jahrhundert

Raoul Manselli: Grundzüge der religiösen Geschichte Italiens im 12. Jahrhundert · Paolo Lamma: Byzanz kehrt nach Italien zurück · Alfred Haverkamp: Friedrich I. und der hohe ital. Adel. 1971. 96 S. ISBN 3-7995-6669-4

Sbd 10 Papst und Frankenkönig

Studien zu den päpstlich-fränkischen Rechtsbeziehungen von 754 bis 824

Von Wolfgang H. Fritze. Der Forschungsstand · Freundschaftsbund und Schutzversprechen in den päpstlich-fränkischen Verträgen der Jahre 816/17. Das foedus fidei et caritatis zwischen Karl d. Gr. und Papst Leo III. von 796 · Freundschaftsbund und Schutzversprechen im päpstlich-fränkischen Vertragswerk von 774 · Freundschaftsbund und Schutzversprechen im päpstlich-fränkischen Vertragswerk von 754. 1973. 100 Seiten. ISBN 3-7995-6670-8

Sbd 11 Die ostsächsischen Städte zwischen Oberweser und mittlerer Elbe im Investiturstreit

Von Berent Schwineköper. In Vorbereitung. ISBN 3-7995-6671-6

Sbd 12 Die Gründungstradition des Erfurter Petersklosters

Von Matthias Werner. Einleitung. – I. Die ältesten Zeugnisse der Gründungstradition · Der Zusatz zu den Annalen Lamperts von Hersfeld · Der Zusatz in der Erfurter Handschrift der Frutolf-Ekkehard-Chronik · Die Dagobert-Fälschung. – II. Die Situation des Petersklosters im 12. Jh. · Allgemeiner Überblick über die Geschichte des Petersklosters im 11./12. Jh. · Die Beziehungen des Petersklosters zu König und Erzbischof · Stellung und Gründungstradition der Stifte St. Marien und St. Severi im 11./12. Jh. – III. Hintergrund und Motive der Gründungstradition. 1973. 124 S. ISBN 3-7995-6672-4

Sbd 13 Reichsabtei Salem

Verfassungs- und Wirtschaftsgeschichte des Zisterzienserklosters von der Gründung 1134 bis zur Mitte des 14. Jhs.

Von Werner Rösener. Salem, aus bescheidenen Anfängen zum reichsten Kloster Schwabens emporgerückt, eng mit der oberschwäbischen Umwelt, mit Adel, Kirche und Stadtbürgertum verflochten, ist ein Beispiel der Besitz- und Herrschaftsverhältnisse Süddeutschlands im Mittelalter. 1974. 260 Seiten mit einer Faltkarte. ISBN 3-7995-6673-2

Sbd 14 Entwicklung und Spätformen der Leibeigenschaft am Beispiel der Heiratsbeschränkungen

Die Ehegenoßsame im alemannisch-schweizerischen Raum

Von Walter Müller. Die Wurzeln im mittelalterlichen Hof- und Dienstrecht · Vereinbarungen über Kinder aus Ungenossenehen und über den Austausch der Ehegatten · Die Raub- und Wechselverträge · Zusammenfassung. 1974. 176 Seiten, 1 Ausschlagkarte. ISBN 3-7995-6674-0

Sbd 15 Der Breisgau und das alemannische Herzogtum

Zur Verfassungs- und Besitzgeschichte im 10. und beginnenden 11. Jh.

Von Thomas L. Zotz. Der Breisgau als politische Randzone Alemanniens im 10. Jh. im Spiegel der topographischen Terminologie von Königsurkunden · Das Kräftefeld von Königtum und Herzogtum in besitz- und verfassungsgeschichtlicher Hinsicht: Die Konradiner in Schwaben · Studien zur Geschichte der Klöster Waldkirch, St. Trudpert und Sulzburg: Die Verbindung des breisgauischen Adels mit dem Elsaß · Die Reaktivierung von Reichsgut im Breisgau durch die Ottonen und die Neuordnung des Oberrheingebietes durch Heinrich II. als Beobachtungsfeld für die Überschneidung königlicher und herzoglicher Interessen um die Jahrtausendwende. 1974. 260 Seiten mit 2 Karten. ISBN 8-7995-6675-9